Susanne Mierau

Rundum geborgen

Susanne
Mierau

Rundum geborgen

... weil es ein ganzes Dorf
braucht, um ein Kind
großzuziehen

Kösel

Sollte diese Publikation Links auf Webseiten Dritter enthalten,
so übernehmen wir für deren Inhalte keine Haftung, da wir uns
diese nicht zu eigen machen, sondern lediglich auf deren Stand
zum Zeitpunkt der Erstveröffentlichung verweisen.

Penguin Random House Verlagsgruppe FSC® N001967

2. Auflage 2021
Copyright © 2018 Kösel-Verlag, München,
in der Penguin Random House Verlagsgruppe GmbH,
Neumarkter Straße 28, 81673 München
Umschlag: Weiss Werkstatt München, unter Verwendung
mehrerer Motive von Shutterstock.com (Boguslaw Mazur; aarrows;
NadzeyaShanchuk; majivecka; sripfoto)
Redaktion: Mihrican Özdem, London
Druck und Bindung: PBtisk, a.s., Příbram
Printed in the Czech Republic
ISBN 978-3-466-31108-8
www.koesel.de

Inhalt

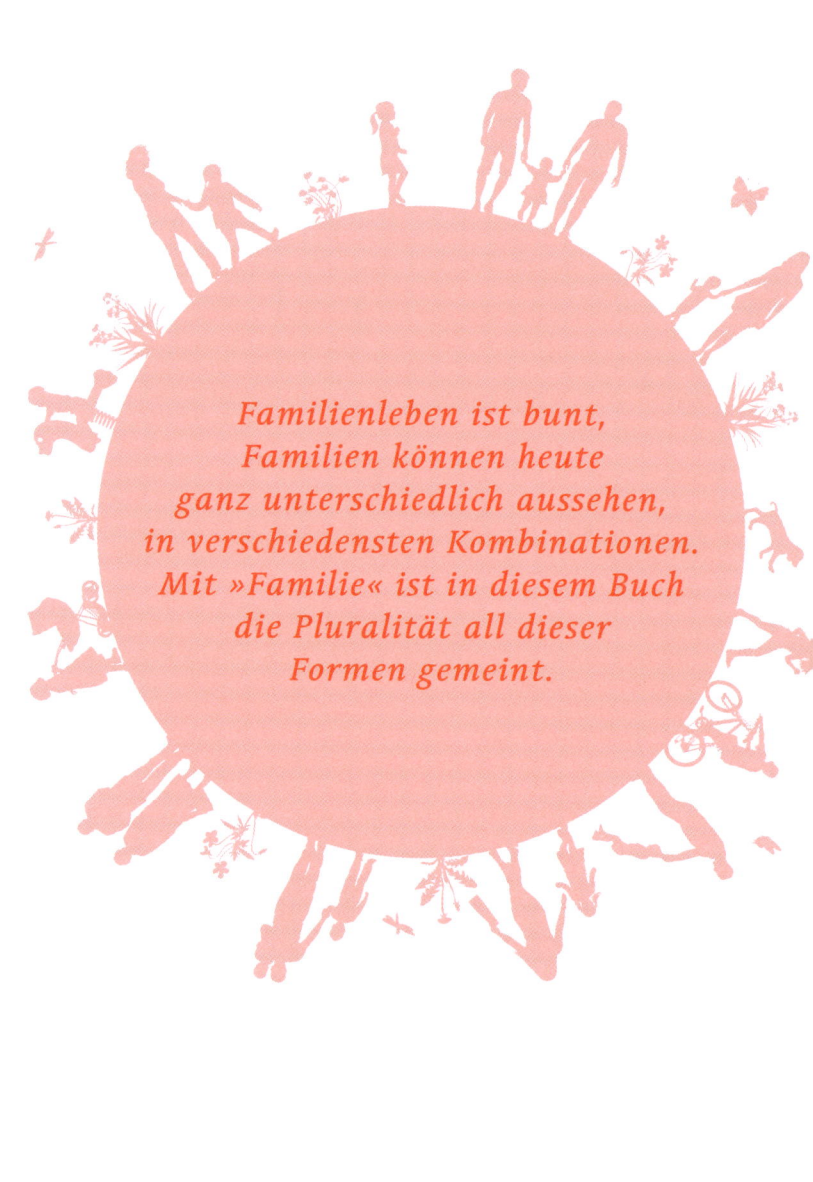

Familienleben ist bunt,
Familien können heute
ganz unterschiedlich aussehen,
in verschiedensten Kombinationen.
Mit »Familie« ist in diesem Buch
die Pluralität all dieser
Formen gemeint.

Vorwort

Was hat unsere Kindheit so werden lassen, wie sie war? Warum haben wir sie so gelebt, wie wir sie gelebt haben, und was haben unsere Eltern dazu beigetragen? Jede Kindheit ist geprägt von der Familie, von den Menschen um die Kinder herum – damals wie heute. Was sich heute an Kindheiten aber geändert hat, sind sowohl die Anzahl der Menschen, die Kinder nah begleiten, als auch der grundlegende Blick auf kindliche Entwicklung und Erziehung. Kinder wachsen heute anders auf als noch vor 20 Jahren. Nicht nur in Müttergruppen und im Internet brechen manches Mal Diskussionen um den vermeintlich »richtigen« Weg aus, sondern auch im Freundes- und Familienkreis. Erziehungsstile können so unterschiedlich sein, und heute können wir aus einer großen Anzahl von Möglichkeiten wählen – von autoritär über autoritativ bis Laisser-faire. Schlagworte wie »Unerzogen«, »Attachment Parenting« oder »Beziehung vor Erziehung« bestimmen heute moderne Elternschaft. Für Menschen, die ohne diese Bezeichnungen aufgewachsen sind, können heutige Elternschaft und ihre Ansprüche verwirren oder auch eine Ablehnung hervorrufen – durch die Vehemenz, mit der heute anders »erzogen« wird als früher.

Ob es den *einen* richtigen Lebensstil gibt? Darüber brauchen wir eigentlich nicht zu streiten, denn diese Frage ist nicht wichtig für Familien heute. Es gibt nicht den *einen* immer richtigen Weg für alle, denn jeder Weg hat einen anderen Rahmen und andere Grundvoraussetzungen. Die Fragen, die wir uns heute stellen sollten, sind vielmehr: Was brauchen Familien heute? Und welche Art von Erziehung brauchen Kinder heute und für ihre Zukunft? Diese Fragen sind es, denen wir in diesem Buch nachgehen und die hier beantwortet werden.

Es ist schwer andere Wege einzuschlagen als die, die man selbst gegangen ist oder die man einmal erlebt hat. »Ich stamme aus meiner Kindheit. Ich stamme aus meiner Kindheit wie aus einem Land«, sagte der französische Schriftsteller Antoine de Saint-Exupéry einmal und könnte damit nicht besser umschreiben, wie wir alle von unseren Erfahrungen geprägt sind.

Glücklicherweise müssen wir mit der neuen Generation auch nicht von vorn anfangen, müssen uns nicht verbiegen und unsere Wurzeln verlieren. Wir müssen nur mit offenen Augen und Herzen da sein und mit offenen Armen unsere Hilfe anbieten für einen Weg, den *sie* gehen. Vielleicht ist er auf den ersten Blick in einigen Punkten anders, als wir ihn gegangen wären, vielleicht zeigen sich auf den zweiten Blick aber auch viele Gemeinsamkeiten. Ganz sicher zeigt sich auf den dritten Blick, dass wir alle einen gemeinsamen Wunsch haben: dass es den heutigen Kindern gut gehen soll.

Einleitung:
Warum Kinder und Eltern
»das Dorf« brauchen

Wenn ein Kind geboren wird, werden nicht nur Paare zu Eltern. Es werden auch Eltern zu Großeltern, Geschwister zu Onkel und Tante. Freunde erleben einen Wandel der Freundschaft, wenn auf einmal ein neuer kleiner Mensch in diese Beziehung dazukommt. Wenn ein Kind geboren wird, wandelt sich nicht nur das Leben der Eltern, sondern auch das Leben einer ganzen Familie, eines Freundeskreises. Die Geburt eines Kindes hinein in eine Gruppe von Menschen – ob verwandt oder befreundet – verändert die Gruppe und bringt neue Impulse, neue Gefühle und auch neue Herausforderungen mit sich, an denen die Gruppe zusammenwachsen kann.

Nicht umsonst heißt es so oft: »Um ein Kind aufzuziehen, braucht es ein ganzes Dorf«. Elternschaft heute steht vor großen Herausforderungen, denn der Rahmen für das Familienleben ist oft wenig flexibel gestaltet, und Eltern stehen vor der Aufgabe, den Spagat zwischen Familie, Berufstätigkeit, Haushalt und sonstigem Privatleben meistern zu müssen. Zu dem schon ausgefüllten Alltag *vor* dem Kind gesellt sich *mit* einem Kind eine weitere, riesige Aufgabe, die viel Energie, Aufmerksamkeit, Zeit und Gefühle beansprucht. Dies umso mehr, wenn es mehrere Kinder sind oder ein Elternteil allein das Kind umsorgt. Um alles erfolgreich zu bewältigen, brauchen die Eltern Unterstützung. Die Hilfen, die Eltern von staatlicher Seite zur Verfügung gestellt bekommen, sind jedoch oft nicht ausreichend für die großen Anforderungen, die nun vor ihnen liegen. Vor allem aber brauchen sie nicht ausschließlich (finanzielle) Leistungen, sondern vielfach auch emotionale und persönliche Unterstützung: ein liebes Wort, ein verstehendes Nicken, eine Hand, die hier und da mit anpackt, und ein offenes Ohr, das zuhört. Eltern brauchen Verständnis und Anteilnahme und das Gefühl, mit ihren Kindern den richtigen Weg zu gehen.

Es braucht ein Dorf ...

Wenn wir von dem Dorf sprechen, das wir brauchen, um ein Kind aufzuziehen, haben wir oft eine etwas romantisch verklärte Vorstellung davon, wie Kinder früher aufwuchsen oder heute in nicht industriellen Ländern aufwachsen. Wie David Lancy, Professor für Anthropologie, in seinem Buch »The Anthropolgy of Childhood« beschreibt, ist es nicht so, dass Familie und Nachbarn unglaublich begierig darauf wären, sich um ein weiteres Kind zu kümmern. Es sei vielmehr so: Wer auch immer von anderen wichtigen Aufgaben leichter entbunden werden kann, kümmert sich um das Kind, das von sich aus mit seinen Signalen und seinem Aussehen die Bezugspersonen in den Bann zieht, damit sich diese um das Baby kümmern.[1]

Wie genau sich Familie und Nachbarn einbringen, kann kulturell unterschiedlich sein: vom Stillen durch andere Frauen von Anfang an bis hin zum Tragen des Babys oder dem Zurückziehen in das Haus der Großeltern, bis das Kind das Kleinkindalter erreicht hat. Jede Gesellschaft hat ihre eigenen Rituale entwickelt, um Babys und Kinder zu begleiten und die Last (insbesondere) von den Müttern zu nehmen.

Eine Analyse unterschiedlicher Kulturen zeigt deutlich, dass es untypisch für unsere Art ist, dass Mütter sich allein um ihre Kinder kümmern. Aus verschiedenen Gründen hat sich dies bei uns so ergeben, doch die Folgen dieser untypischen Behandlungsweise von Eltern sehen wir in Hinblick auf das Stresslevel von Eltern, und dies wiederum schlägt sich im Erziehungsverhalten nieder. Eltern brauchen auch hier das tatkräftig anpackende »Dorf«. Aufgrund unseres gesellschaftlichen Schwerpunkts auf Zufriedenheit und Wohlgefühl brauchen wir aber nicht nur helfende Hände, sondern auch das Gefühl, sinnhaft und gut zu agieren, und damit liebe Worte von anderen. Unser Dorf muss nicht nur das Baby halten, sondern auch emotionale Stütze bieten.

»Ein ganzes Dorf« brauchen nicht nur die Eltern, sondern auch das Kind, denn auch für den neuen kleinen Menschen ist es von Vorteil, tiefe und liebevolle Beziehungen zu weiteren Menschen jenseits der Eltern zu haben. Eine gute Bindung zu anderen und die Möglichkeit, auch von und mit anderen Menschen etwas über dieses Leben zu lernen, ist eine große Bereicherung für ein Kind.

Der Weg, ein Kind aufwachsen zu lassen, ist heute oft anders als noch vor vielen Jahren, und das moderne Erziehungsverhalten steht nicht selten im Gegensatz zu dem früherer Generationen. Es wird von »bindungsorientierter Elternschaft« gesprochen, denn die heutigen Ansichten von jungen Familien beruhen auf den Erkenntnissen der Bindungstheorie: Sie besagt, dass es für Kinder wichtig ist, eine sichere Bindung zu ihren Bezugspersonen aufzubauen, weil sich eine sichere Bindung langfristig gut auswirkt auf die Gesundheit, die Freundschaften, den Erfolg in der Schule und in Bezug auf die Lebenszufriedenheit. Dabei sollte das Kind nicht nur eine sichere Bindung zu den Eltern entwickeln, sondern nach Möglichkeit zu allen nahestehenden Menschen. Wie das befördert wird und wie dabei gleichzeitig Eltern optimal unterstützt werden können, erfahren Sie in diesem Buch.

Sich gut
verbinden

Die
erste Begegnung

Wenn man das erste Mal das Kind eines nahestehenden Menschen in den Armen hält, ist das ein besonderer Moment. Wir betrachten das kleine Kind, fühlen die weiche Haut, sind erstaunt darüber, wie winzig dieses Baby ist, und suchen das Gesicht nach Ähnlichkeiten mit den uns bekannten Personen ab. Wir sprechen mit ruhiger, sanfter Stimme, streicheln über die Haut und versinken im Anblick. Wer selbst schon einmal Mutter oder Vater geworden ist, erinnert sich daran, wie es war, das erste Mal das eigene Kind zu halten. Da ist dieser kleine Mensch, der uns mit offenen Augen ansieht, unser Gesicht mit den Augen abtastet und – wie es scheint – tief in uns hineinblickt. Dies ist der erste Moment, in dem wir eine gegenseitige Verbindung aufbauen. Der erste Moment, an dem sich der feine Faden zu entwickeln beginnt, der unsichtbar zwischen uns und diesem Kind verläuft. Über die nächsten Jahre hinweg wird er fester, ist sicherlich manches Mal auch angespannt und dann wieder leichter.

Bindung können wir uns vorstellen wie ein Band, das zwischen Menschen verläuft. Jedes Band ist individuell, nicht austauschbar, und zusammen ergeben die vielen Bänder, die zu einer Person gesponnen werden, einen Teppich, der den Menschen trägt, wärmt und schützt – solange wir gemeinsam dafür sorgen, dass diese Bänder qualitativ hochwertig sind. Dies erreichen wir, indem wir das Kind mit dem umsorgen, was es am Anfang des Lebens am meisten braucht: liebevolle, prompte Zuwendung und Erfüllung der Bedürfnisse.

Bindung
auf zwei Seiten

Das Band der Bindung hat dabei zwei Enden und verläuft in beide Richtungen: vom Baby zum Erwachsenen und vom Erwachsenen zum Baby. Obwohl wir in beiden Fällen von »Bindung« sprechen, gibt es in den Grundlagen für diese Beziehung wichtige Unterschiede: Das Baby bindet sich an den Erwachsenen, weil es diesen zum Überleben braucht, da es sich nicht selbst mit den Grundbedürfnissen nach Schutz, Nahrung, Pflege und (körperlicher) Zuwendung versorgen kann. Ein »Sicherheitssystem« nennt der Psychotherapeut und Bindungsforscher Karl Heinz Brisch die Eltern-Kind-Bindung deswegen.[2] Babys bevorzugen dabei zwar die Person, deren Eigenschaften sie bereits aus dem Leben im Mutterleib kennen und die sie nach der Geburt erkennen, wie die Stimme der Mutter und ihren Geruch, aber sie können sich in den ersten Monaten auch auf eine andere Person einstellen, die ihre Bedürfnisse erfüllt. Hauptbindungsperson wird, wer Bedürfnisse am sichersten und verlässlichsten erfüllt – unabhängig von Geschlecht, Alter oder Verwandtschaft. Dies ist für Kinder eine sehr gute und sinnvolle Strategie und gibt Eltern eine Erleichterung mit auf den Weg, denn auch wenn der Start manchmal schwierig verläuft oder Mütter nicht von Anfang an als Bindungsperson zur Verfügung stehen, kann dies durch andere Menschen aufgefangen werden. Unsere Babys entlasten uns also bei Bedarf, indem sie sich durch die Gemeinschaft versorgen lassen. Gleichzeitig ändert das Umsorgen durch andere nichts an der Verlässlichkeit einer bestehenden Bindung. Eltern brauchen sich also nicht zu sorgen, dass das Kind auf einmal eine andere Person mehr liebt, nur weil diese auch liebevoll mit dem Kind umgeht und dieses eine Beziehung aufbaut. Im Gegensatz zu nicht menschlichen Primatenmüttern haben wir Menschen die besondere Fähigkeit entwickelt, dass andere Menschen sich unseren Babys nähern und sie halten dürfen[3] – so können sie ihren Bedürfnissen entsprechend gut und umfassend versorgt und nie allein gelassen werden, während Eltern gleichzeitig die Chance haben, unterstützt zu werden und nicht allein für alles sorgen zu müssen.

Jede Beziehung ist einmalig, und das Kind hat die Möglichkeit, viele gute und starke Bänder zu anderen Menschen aufzubauen. Menscheneltern sind darauf bedacht, ihren wenigen und mit hoher Energie zur Welt gebrachten Kindern einen guten Start ins Leben zu geben und das

Überleben zu sichern, dafür ist oft auch eine Unterstützung durch andere notwendig. Sarah Blaffer-Hrdy, Professorin für Anthropologie, beschreibt dies mit den Worten: »Wo immer sich auf der Welt traditionelle Lebensformen erhalten haben – das heißt in Gemeinschaften, wo Mütter noch nicht begonnen haben, in abgeschotteten Kleinfamilien zu leben, und sich noch keine Sorgen über mögliche Ansteckungsgefahren für ihre Babys machen –, ist gemeinsame Kinderfürsorge durch Mitglieder der Gruppe die Regel.«[4]

Wenn wir – als Großeltern, Angehörige und Freunde – Eltern in ihrem Alltag und ihren Aufgaben unterstützen und sie sich deswegen besser um ihre Kinder kümmern können, unterstützen wir indirekt die Bindungsentwicklung zwischen Eltern und Kind positiv und damit die kindliche Entwicklung. Stress wirkt sich negativ auf das Erziehungsverhalten aus und dies kann langfristig die Bindung negativ beeinflussen. Entlastung, beispielsweise durch Abgabe von Haushaltsarbeiten an den Partner oder andere Personen, führt zu einem stärkeren Wohlbefinden der Mutter[5] und kann sich somit positiv auf die Erziehung und das bindungsfördernde Verhalten der Eltern gegenüber dem Kind auswirken. Aber nicht nur Eltern können Bindungsbeziehungen zu ihren Kindern aufbauen, sondern auch Geschwister, Familienangehörige und Freunde. Nicht zuletzt aus der Forschung zu Beziehungen in Adoptionsfamilien ist heute gewiss, dass eine sichere Bindung auch da entstehen kann, wo Eltern mit dem Nachwuchs nicht verwandt sind. Die Bindung des erwachsenen Menschen zum Baby ist ein sozialer Entwicklungsprozess, der auch durch die Rahmenbedingungen der Gesellschaft beeinflusst wird.[6] Der Rahmen, den wir um eine Familie herstellen, beeinflusst in großem Maße, wie es dieser Familie geht, wie Bindung entsteht und wie das Kind in die Gesellschaft hineinwachsen kann.

Kinder brauchen mehrere verlässliche Bindungspersonen

Darüber hinaus unterstützen wir das Kind auch, wenn wir selbst als weitere Bezugsperson eine sichere Bindung aufbauen, denn Kinder können sehr davon profitieren, wenn sie mehrere liebevolle Bindungspersonen haben. Die Natur hat diese Möglichkeit für Kinder ganz bewusst vorgesehen, sodass sie die Chance haben, auch in schwierigen Situationen oder beim (vorübergehenden) Verlust der Eltern gut aufgefangen werden zu können. Resilienz ist die Fähigkeit, Krisen bewältigen zu können, ohne dadurch nachhaltig psychische Schäden zu erleiden, sowohl in der Kindheit als auch später im Erwachsenenleben. Einer der bedeutenden Faktoren für den Aufbau dieser Fähigkeit sind gute familiäre Beziehungen. Besonders auch die Großeltern können einen wichtigen Anteil an der Entwicklung von Resilienz haben,[7] aber auch andere Familienmitglieder und Freunde können dazu beitragen. Es ist immer gut, wenn ein Kind

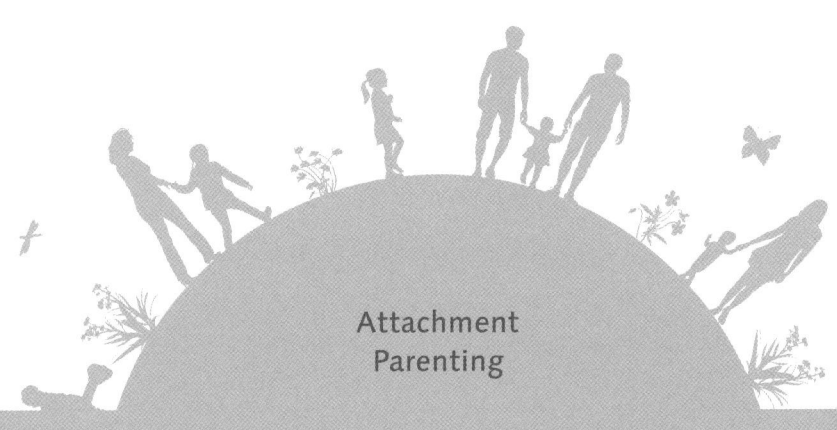

Attachment Parenting

Ein Begriff, der uns in Zeitschriften und anderen Medien häufig begegnet, ist »Attachment Parenting«, geprägt vom amerikanischen Ehepaar Martha und William Sears. Als Arzt und Krankenschwester und Eltern von acht Kindern haben sie sich einem bestimmten Erziehungsstil gewidmet, über den sie zahlreiche Bücher geschrieben und ihn durch Fernsehauftritte und Internetangebote in Umlauf gebracht haben. »Attachment Parenting« zeichnet sich durch ein feinfühliges Eingehen auf die Bedürfnisse von Babys aus und hat insbesondere die Stärkung der Mutter-Kind-Bindung im Blick, was insbesondere durch sieben Punkte (die sogenannten »7 Baby-Bs«) erzielt werden soll:

- frühes Bonding nach der Geburt
  (birth bonding),
- Stillen
  (breastfeeding),

- Tragen
  (baby wearing),
- gemeinsames Schlafen in einem Bett
  (bedding close to baby),
- Beachtung der kindlichen Signale
  (believe in the language value of your baby's cry),
- Vorsicht vor Babytrainingsprogrammen
  wie Schlaftrainings
  (beware of baby trainers),
- Wahrung von Balance und Grenzen
  (balance).

Die Attachment-Parenting-Grundsätze in Amerika stehen unter dem Einfluss des christlich-evangelikalen Glaubens der Searsfamilie. Die Organisation »Attachment Parenting International« hat die Grundelemente etwas aufgeweicht und erweitert. Dennoch ist der Ursprung auf eine der Emanzipation entgegenlaufende Sichtweise zurückzuführen, und die strenge Auslegung der ursprünglichen Ideen von Sears kann Eltern zur Erschöpfung führen.

In Deutschland wird der Begriff von Eltern oft losgelöst von den zum Teil schwierigen Wurzeln genutzt, um sich der Bewegung zugehörig zu zeigen, Kinder mit einer sicheren Bindung und in einem liebevoll-feinfühligem Umfeld aufwachsen zu lassen. Die Bewegung hierzulande ist deutlich individueller und lässt verschiedene Wege offen. Alternativ wird häufig auch von »bindungsorientierter Elternschaft« oder »bedürfnisorientierter Elternschaft« gesprochen.

mehrere Anlaufpunkte hat, an die es sich wenden kann und die es sicher auffangen.

Wir wissen heute, dass es unterschiedliche Arten von Bindungsmustern gibt, je nachdem, wie wir mit dem Menschen interagieren. Als besonders gut und nachhaltig positiv hat sich eine sichere Bindung erwiesen: Das Kind weiß, dass auf seine Bedürfnisse richtig, sorgsam und feinfühlig eingegangen wird und fühlt sich von den Bezugspersonen geschützt und umsorgt. Seine Grundbedürfnisse nach Nahrung, Zuwendung, Erholung und Sicherheit werden verlässlich erfüllt. Wie diese Grundbedürfnisse im Detail aussehen und warum auch gerade Familienangehörige und Freunde ihren Beitrag dazu leisten können, betrachten wir in den folgenden Kapiteln. Vorab ist es wichtig zu sagen, dass die Menschen um die neue Kleinfamilie herum für das Wohlergehen einer Familie und die Entwicklung eines Kindes eine enorme Bedeutung haben, die viel zu lange unberücksichtigt geblieben ist.

Aber
früher
...

Konfliktpotenzial Erziehungsmethode

Wenn frisch gebackene Eltern darüber berichten, wie sie mit ihrem Kind leben wollen, kann dies für die ältere Generation erst einmal fremd und ungewohnt sein. Dies umso mehr, wenn diese selbst ganz anders groß geworden ist oder bei den eigenen Kindern anders gehandelt hat. Zwangsläufig fragen sich viele Großeltern: Aber wenn mein Kind heute vieles anders machen möchte, bedeutet das, dass ich es damals falsch gemacht habe? Es ist die Angewohnheit von Menschen, wenn sie selbst Eltern werden, die eigene Kindheit zu reflektieren und sich zu fragen: »Was von dem, was ich selbst erlebt habe, möchte ich weitergeben und was anders machen?« Diese Überlegungen sind nicht nur in dieser Elterngeneration vorhanden, sondern wir sehen im Laufe der Menschheitsgeschichte immer wieder, dass Erziehungsmethoden überdacht und abgelöst wurden. Neuere Forschungsergebnisse geben uns Aufschluss über die (Gehirn-)Entwicklung von Kindern und ihre Bedürfnisse, die gerade heute sehr stark in die Gedanken über Erziehung und Lernen einfließen. Aber darüber hinaus ist eine ganz wesentliche Frage aller Eltern immer, wie sie ihre Kinder bestmöglich auf die Zukunft vorbereiten. Es ist gut, wenn wir mit unseren Kindern im Hier und Jetzt leben und unseren Blick nicht nur darauf ausrichten, was aus ihnen werden könnte, und wir nicht beständig versuchen, sie in eine Richtung zu drängen und zu fördern. Dennoch ist der Blick auf die Zukunft auch etwas, was Eltern eben in jeder Generation zu eigen ist.

Die Zukunft der heute geborenen Kinder ist eine andere als sie es war, als die heutigen Eltern geboren wurden. Wir können noch nicht genau absehen, wie die Zukunft wird, aber Eltern möchten ihre Kinder bestmöglich auf die Bedingungen später vorbereiten – so wie es seit jeher Anliegen der Eltern ist. Auch wenn Studien die Zukunft nicht eindeutig vorhersagen können, gibt es Hinweise darauf, dass sich das Leben und Arbeiten durch die Digitalisierung zunehmend verändern wird. Eine Studie der Oxford-Universität[8] kam 2013 zu dem Schluss, dass durch die Digitalisierung viele bislang bestehende Jobs verloren gehen. Computer und Roboter übernehmen Tätigkeiten, die wir noch als Ausbildungsberufe kannten. Im Zuge dessen werden soziale Fähigkeiten, innere Motivation, Kreativität und Freude am Tun sowie Sinnhaftigkeit der Tätigkeiten wichtiger. Auf diese Fähigkeiten müssen wir unsere Kinder heute vorbereiten.

Dies steht an einigen Stellen in einem Gegensatz zu früheren Erziehungszielen: Seinerzeit sollten Kinder auf Tätigkeiten vorbereitet werden, bei denen sie bestimmten Anweisungen nachgehen, Teil eines Produktionsprozesses werden oder nach bestimmten Richtlinien arbeiten würden. Auch in Hinblick auf den Umgang mit der Natur und den Ressourcen des Planeten ist ein Umdenken wichtig, damit auch in Zukunft unsere Kinder und Enkelkinder noch aus dem Reichtum der Natur schöpfen können und überlebenswichtige Rohstoffe zur Verfügung haben: bio, öko, fairtrade sind nicht einfach nur Modeworte einer neuen Generation, sondern Wege zur Sicherung einer schönen Zukunft. Selbst im sozialen Miteinander gibt es einen Wandel und die Individualisierung des Lebens führt zu anderen Familienformen und -zusammensetzungen, neuen Wohnformen wie Mehrgenerationenhäusern und Strukturen, in denen Arbeit und Leben stärker verwoben sind und das Soziale in den Mittelpunkt rückt.

Zukünftige Arbeitstätigkeiten und die gesamtgesellschaftliche Entwicklung setzen deswegen heute eine andere Art der Erziehung voraus, an der sich moderne Eltern orientieren. Optimal können wir die heute geborenen Kinder darauf vorbereiten, wenn Familie und Freunde gleichermaßen auf dieses Ziel hinarbeiten und moderne Lebenskonzepte zusammen umsetzen. Wir ziehen gemeinsam an einem Strang, um unsere Kinder auf ihr Leben vorzubereiten und damit natürlich auch unser späteres Leben gestalten. Es ist deswegen nicht zwangsläufig eine Kritik, wenn Eltern mit ihren Kindern anders leben wollen, als es früher getan wurde. Die Kinder heute leben in einer anderen Welt und lernen Dinge für eine sich noch weiter verändernde Gesellschaft. Eltern wünschen sich heute – wie in jeder Generation – das Beste für ihr Kind und brauchen Unterstützung auf dem Weg, den sie für dieses Kind und ihre Familie ausgewählt haben.

Umdenken ist manchmal schwierig

Unsere eigenen Prinzipien und Erziehungsmethoden sind allerdings tief in uns verankert, denn wir haben sie in unserem Gehirn abgespeichert. Oft sind sie beeinflusst von unserer eigenen Kindheit und treten nahezu unbewusst hervor – wie Fußwege durch hohes Gras haben sie sich durch unsere Kindheit und späteren Jahre und vielleicht auch den Gebrauch bei unseren Kindern festgetreten. Es sind Wege geworden, die wir immer wieder gehen, und es ist nicht leicht, auf einmal unbekanntes Terrain zu beschreiten und mit alten Verhaltensweisen zu brechen.

Für den Umgang mit der neuen Elterngeneration ist es aber notwendig, offen zu sein für anderes. Das bedeutet nicht, sofort alles so zu machen, wie die jungen Eltern es wünschen. Aber es bedeutet, sich selbst bereitwillig zu reflektieren, mit den Eltern im offenen Austausch zu sein und zusammen einen guten Weg zu finden. Natürlich leben wir alle auch ein wenig unterschiedlich, und es ist für das Kind auch gut, andere Impulse zu bekommen als die in der Kernfamilie. Aber die grundlegenden Prinzipien und Einstellungen sollten übereinstimmen – oder zumindest respektiert werden. Und diese legen – wie es immer war – die Eltern des Kindes fest. Wenn Eltern nicht wünschen, dass das Kind Süßigkeiten oder Fleisch isst, oder wenn sie davon überzeugt sind, dass das Kind nicht fernsehen soll, ist das eine Richtlinie, die das gesamte Familien- und Freundesnetz tragen sollte.

Meine persönlichen Werte

Werte sind wichtig für uns Menschen und ein oft verbindendes Element in Familien. Sie werden von Generation zu Generation weitergegeben und formen sich manches Mal auch neu. Die Ankunft eines neuen Menschen in unserer Mitte lädt uns dazu ein, uns selbst zu betrachten: Welche Werte habe ich von meinen eigenen Eltern vermittelt bekommen? Welche waren für meinen Weg besonders wichtig? Und welche sind es, die ich im Lauf der Jahre neu erworben habe, weil sie für mein Leben wichtig waren? Was davon möchte ich nun weitergeben und was auf keinen Fall?

Elternschaft
in Zeiten des Internets

Ein wesentlicher Einflussfaktor heute in Bezug auf das Elternwerden und Elternsein ist das Internet: Nie zuvor war es so einfach, so schnell auf so viele Informationen zuzugreifen. Auf der einen Seite ist die Aufklärung gut, auf der anderen Seite birgt sie die Gefahr der Verunsicherung, wenn ganz unterschiedliche Empfehlungen einander gegenüberstehen und an manchen Stellen der Perfektionsdruck zu hoch wird. Nicht selten werden diese Informationen auch gegenüber der Familie eingebracht: »Ich habe gelesen, dass ...« ist gerade bei jungen Eltern eine nicht seltene Aussage. Ratgeber und Internetseiten sind für viele Eltern eine moderne Möglichkeit, um Informationen einzuholen und sich zu verorten.

Gerade Mütter fühlen sich oft nicht ausreichend auf die Elternschaft vorbereitet und brauchen einen Orientierungsrahmen.[9] Haben sie in ihrem unmittelbaren Umfeld wenig Unterstützung durch Familie und Freunde, ist die Zugehörigkeit zu einem unterstützenden Online-Netzwerk für viele ein Ausgleich, in dem Informationen eingeholt werden können und Stress durch ein Zugehörigkeitsgefühl und Austausch abgebaut werden kann.[10] Mütter fühlen sich durch den Clan der Onlineeltern bestärkt und unterstützt[11], und besonders der Aufarbeitung der Geburtserfahrungen kommt im Internet eine große Bedeutung zu, beispielsweise auch in Hinblick auf die Verarbeitung von Geburtstraumata und die Vernetzung und das gemeinsame Einsetzen für bessere Geburten.

Die Zeitschrift *ELTERN family* hat dennoch in einer Umfrage 2014 festgestellt[12], dass 19 Prozent der Eltern sich durch Medien auch unter Druck gesetzt fühlen. Das Internet für Eltern ist deswegen ein zweischneidiges Schwert: Auch wenn es viele Hilfen anbietet, kann es letztlich nicht den wirklichen Bedarf an helfenden Händen und Zuwendung ersetzen, bietet aber in Foren und Gruppen die Möglichkeit, emotionale Unterstützung und Rückhalt zu erhalten. Viele Eltern schaffen es, bewusst mit den Möglichkeiten der digitalen Welt umzugehen und sie da gewinnbringend einzusetzen, wo sie im Alltag benötigt werden. Wir sollten daher nicht alle Möglichkeiten von Anfang an verteufeln, sondern sehen, welchen Nutzen es auch für Eltern mit sich bringt: von Lieferdiensten über Apps zur Verwaltung von Familienaufgaben bis hin zu Informationsseiten bei Stillproblemen.

Was Eltern und Kinder wirklich brauchen, ist seit jeher gleich geblieben

Viele Aspekte »moderner« Elternschaft, die in diesem Buch vorgestellt werden, sind sicherlich vertraut. Dem Ziel folgend, Kindern eine sichere Bindung anzubieten, orientieren sich Eltern heute an den Bedürfnissen von Kindern, die diese seit Jahrtausenden haben. Denn trotz aller Weiterentwicklungen und technischer Raffinessen unseres Alltags sind die Bedürfnisse, die tief im Gehirn unserer Kinder eingeprägt sind, seit jeher gleich. In ihnen ruhen noch immer kleine »Steinzeitbabys«, deren Bedürfnisse ganz grundlegend sind. Wir haben in den letzten Jahrzehnten versucht, sie durch Erziehungspraktiken und technische Neuerungen zu umgehen oder auszutricksen: Das Baby, das körperliche Nähe sucht, wird in eine sich bewegende Schaukel gelegt, statt am Körper getragen zu werden. Die Möglichkeiten zu natürlichen Geburten wurden eingeschränkt, um Frauen effizient und Kinder vermeintlich sicher zu entbinden. Die Folgen dieser Entwicklungen sehen wir heute an verschiedenen Stellen, auf die noch weiter eingegangen wird.

Mittlerweile hat jedoch eine Rückbesinnung stattgefunden auf die wirklichen Bedürfnisse: Was Eltern brauchen, ist eine Stärkung des Selbstbewusstseins, (finanzielle) Absicherung, Unterstützung im Alltag und liebevolle Zuwendung. Was Kinder brauchen, ist eine sichere Bindung, Verzicht auf Gewalt und gleiche Bildungschancen. Hiervon profitiert die gesamte Familie und die Gesellschaft.

Die
(werdende)
Familie
unterstützen

Neue
Familiendynamik

So wie Eltern nicht erst durch die Geburt eines Kindes Eltern werden, werden auch Großeltern, Tanten und Onkel nicht erst in dem Moment »geboren«, wenn das Kind auf der Welt ist. Schon der Kinderwunsch – wenn er angekündigt wird – verändert eine Familie und Gruppe. Auf einmal rückt in das Bewusstsein, dass man selbst eine Generation weiterrückt, dass die Kinder nun Eltern werden und sich Aufgaben, Rituale und Abläufe verändern. Es ist ein gewaltiger Prozess, der in einer Familie stattfindet, wenn eine neue Generation hinzukommt. Spätestens ab dem Moment, in dem ein Familienmitglied ankündigt, dass es ein Kind erwartet, ändert sich die Dynamik in vielen Familien, und eine Zeit der Vorbereitung beginnt. Auch Freundschaften ändern sich durch eine Schwangerschaft.

»Schwanger sein ist keine Krankheit«, aber es ist ein anderer Lebensabschnitt, ein besonderer Umstand, in dem die Frau oft zunehmend weniger aktiv wird, sich auf sich und das Baby konzentriert und andere Themen in den Fokus nimmt. Es ist gut, wenn Familienangehörige und Freunde an der Schwangerschaft teilhaben können, damit sie Stück für Stück in ihre neue Rolle hineinwachsen. Bereits jetzt beginnt eine Auseinandersetzung mit den Themen, die für die kommende Zeit wichtig sind, und bereits jetzt beginnt »das Dorf« zusammenzuarbeiten und die werdende Familie zu unterstützen.

Heute ist der Fokus darauf gelegt, möglichst früh eine Bindung zu dem heranwachsenden Baby aufzubauen. Dieser Bindungsaufbau beginnt bereits vor der Geburt, wenn sich Eltern mit dem Baby auseinandersetzen, Geburtsvorbereitungs- und Schwangerenkurse besuchen. Das Band der Bindung wird schon in der Schwangerschaft gesponnen. So wie die Eltern nun damit beginnen, sich zu verbinden, wünschen sie sich auch, dass die nahen Bezugspersonen eine Bindung herstellen, aber gleichzeitig die werdenden Eltern auch als Autorität und mündige Erwachsene in Bezug auf die Entscheidungen rund um das Baby betrachten. Ein Anspruch, der manchmal nicht komplikationslos ist, wenn alle das Beste für das Baby wünschen, aber die Ansichten darüber, was das Beste ist, sich unterscheiden.

Den neuen Platz für sich finden

Wenn sich ein neues Familienmitglied ankündigt, verändert dies auch die eigene Position in der Familie. Oft sind die werdenden Großeltern, Tanten und Onkel erfreut, und auch Freundinnen und Freunde freuen sich mit, wenn ein

Baby erwartet wird. Bisweilen braucht es aber auch eine Zeit, um mit diesem Gefühl umzugehen – so wie es auch bei werdenden Eltern manchmal der Fall ist. Gedanken wie »Aber ich bin doch noch zu jung, um Großmutter zu werden« oder »Sie bekommt vor mir ein Baby, ich bin etwas neidisch« können auftauchen. Dafür muss man sich nicht schämen: Ein neuer großer Meilenstein steht an und muss nun erst einmal von allen Seiten betrachtet werden. Wichtig ist, den eigenen Gefühlen den Platz dafür zu geben. Wenn eine gute Beziehung zu den werdenden Eltern besteht, können solche Gefühle auch angesprochen werden.

Bei einer überraschenden Schwangerschaft ist es manchmal auch umgekehrt: Familie und Freunde freuen sich, während die Schwangere oder das Paar noch unsicher ist. Die werdende Mutter braucht schon jetzt den Rückhalt ihrer Familie und die Möglichkeit, ihre eigenen Gefühle und Wünsche vorurteilsfrei zu klären. Eine Schwangerschaft, die ungeplant beginnt, braucht oft sehr viel Einfühlungsvermögen, Wertfreiheit und die Akzeptanz, dass Partner, Familie und Freunde beraten und unterstützen, aber nicht entscheiden können über den weiteren Verlauf.

Nicht nur emotional muss in den nächsten Wochen, Monaten und Jahren ein neuer Platz gefunden werden, sondern auch ganz praktisch: Wenn ein neuer Mensch in unsere Mitte kommt, was ist dann meine Aufgabe mit ihm, und was kann ich leisten? Je nach Familie sind die Erwartungen daran, wie sehr sich die Umgebung einbringt, sehr unterschiedlich. Wichtig ist hier, von Anfang an Erwartungen abzuklären und ehrlich miteinander umzugehen. Jeder kann sich fragen, wie und ob er oder sie sich einbringen kann und was auch in Hinblick auf die körperliche Belastung möglich ist. So kann sich ein verlässliches Fundament für die junge Familie bilden, und sie weiß beispielsweise: Beim Kochen können wir ich immer auf den Opa zurückgreifen, spontane Babysitterzeiten sind eher etwas für die Tante.

Fragen, die sich unterstützende Familienmitglieder stellen können

- Womit kann ich die neue Familie gut unterstützen? Was sind meine besonderen Fähigkeiten?
- Was kann ich nicht? Was sollte ich lieber an andere abgeben?
- Was kann ich gesundheitlich schaffen? Es ist wichtig, trotz aller Freude, die eigenen Grenzen im Blick zu halten und sich im Wunsch nach Unterstützung nicht zu überlasten, damit eine gute und kontinuierliche Hilfe garantiert ist.

Schwangerschafts-unterstützung

Wenn ein Paar zum ersten Mal schwanger ist, ist alles neu. Wie eine Frau oder ein Paar eine Schwangerschaft erlebt, ist sehr unterschiedlich. Manche Frauen fühlen sich bis zur Geburt sehr wohl in ihrem Körper, andere fühlen sich unwohl oder haben sogar größere gesundheitliche Probleme. Keine Schwangerschaft ist wie die andere. Es ist wichtig, für die Bedürfnisse und Umstände der Schwangeren Mitgefühl aufzubringen, auch wenn man die eigene Schwangerschaft ganz anders erlebt hat.

Einige Frauen leiden unter sehr starkem Erbrechen (Hyperemesis gravidarum), das sich deutlich von normaler Schwangerschaftsübelkeit unterscheidet und gelegentlich sogar einen Krankenhausaufenthalt notwendig macht. Andere Frauen leiden besonders am Ende der Schwangerschaft unter starken Wassereinlagerungen, die die Bewegung einschränken. Auch Rückenschmerzen können auftreten oder andere Beschwerden. Schwangerschaft ist keine Krankheit, aber sie geht manchmal mit Erkrankungen oder beeinträchtigenden Beschwerden einher. Es ist hilfreich, wenn die Probleme angenommen werden und gemeinsam nach Hilfen gesucht wird.

Die Mutterschutzrichtlinien schützen die Gesundheit der schwangeren bzw. stillenden Frau und des Kindes bei der Arbeit. Die einzelnen Kriterien sind so ausgewählt, dass bestimmte Risiken vermieden werden, die sich negativ auf Mutter und Kind auswirken könnten. Freiberufliche Frauen müssen selbst darauf achten, dass sie sich in der Schwangerschaft nicht überlasten, und brauchen manchmal Unterstützung durch Freunde und Familie, um gute Rahmenbedingungen für sich herzustellen, ebenso sind natürlich auch Gefahren und Überlastung im häuslichen Umfeld zu vermeiden.

Auch wenn Frauen schon immer imstande waren, auch unter widrigen Bedingungen schwanger zu sein und Kinder zu gebären, ist es günstig, gute Rahmenbedingungen herzustellen für die Frau, aber auch für das heranwachsende Baby. Untersuchungen haben gezeigt, dass sich Stress während der Schwangerschaft nachhaltig auf das Baby auswirken kann:[13] Sehr starker Stress kann letztlich zu einem niedrigeren Kortisolspiegel führen, wodurch die Balance des Stresshormonsystems dauerhaft beeinflusst werden kann. Babys, deren Mütter in der Schwangerschaft unter starkem Stress standen, ruhten in Untersuchungen weniger in sich und schrien mehr, wodurch die Bindungsbeziehung beeinträchtigt werden kann.

Die Anthropologin Sarah Blaffer-Hrdy spricht von einem für Menschen stammesgeschichtlich begründeten Modell des »Kollektivbrütens«[14] der Mutter mit den sie umgebenden Frauen, das in unserer Gesellschaft häufig fehlt. Ihre Studienergebnisse deuten darauf hin, dass sich erst durch die gegenseitige Unterstützung während der Schwangerschaft und dem Aufwachsen der Kinder das soziale Verhalten beim Menschen entwickelt hat – und dass dadurch, dass

Viele Schwangere – aber nicht alle! – mögen den Rosenduft, der traditionell der Schwangerschaft und der Mutter zugeschrieben wird. Gerüche werden auch schon vom Baby im Bauch ab dem sechsten Schwangerschaftsmonat wahrgenommen. Was die Mutter während der Schwangerschaft an Pflegeprodukten nutzt und womit sie umgeben ist, nimmt das Baby nach der Geburt als vertraut wahr. In Kulturen, in denen die Mutter den Rosenduft in der Schwangerschaft nutzt, werden auch die Babys nach der Geburt damit umgeben, beispielsweise im Islam, wo Babys wahlweise in Rosenblüten gebadet oder in ein pinkes, mit Rosenduft besprühtes Tuch gehüllt werden.

Ein Schwangerschaftsöl ist für Mütter eine gute Möglichkeit, um sich selbst etwas Gutes zu tun, sich zu verwöhnen und dabei durch das Streicheln des Bauches auch Kontakt zum Baby aufzunehmen und die Bindung zu pflegen. Ein solches Schwangerschaftsöl kann beispielsweise aus diesen Bestandteilen hergestellt werden:

Rezept für Schwangerschaftsöl

20 ml Weizenkeimöl
20 ml Wildrosenöl
60 ml Mandelöl
15 Tr. Rosenholz
10 Tr. Neroli 10 Prozent (bindegewebsstärkend, gegen Ängste)

7 Tr. Lavendel
2 Tr. Immortelle (gegen Narben, bei schwachem Bindegewebe)

5–7 Tr. rote Mandarine (entkrampfend, entspannend)

wir dies heute eingeschränkt haben, auch soziale Probleme entstehen und wir unseren Nachwuchs emotional weniger versorgen können. Werdende Eltern in der Schwangerschaft zu entlasten und sie von Anfang an durch das Abnehmen bestimmter Aufgaben zu begleiten, ist deswegen sehr wichtig, um sowohl die Schwangerschaft zu schützen und Frühgeburten vorzubeugen, als auch um eine gute Basis für die zukünftige persönliche und gesamtgesellschaftliche Entwicklung zu legen.

Je weiter die Schwangerschaft voranschreitet, desto mehr Unterstützung brauchen viele Frauen im Alltag. Manchmal wird übersehen, wie wichtig auch Auszeiten sind bei all den Vorbereitungen auf die Geburt, besonders bei Familien, in denen es schon Kinder gibt. Um den Bindungsaufbau zwischen Eltern und Kind schon in der Schwangerschaft zu unterstützen, können Zeiten, in denen sich die Schwangere auf das Baby und die Schwangerschaft konzentrieren kann, wunderbar sein: Schwangerschaftsyoga, ein Geburtsvorbereitungskurs oder feste Zeiten zu Hause, um Kontakt zum Baby aufzunehmen, sind schöne Momente, um aus dem turbulenten Alltag auszubrechen und sich zu fokussieren. Auch das Einüben neuer Entspannungs- und Erholungsrituale kann schon in der Schwangerschaft sinnvoll sein, beispielsweise das Gewöhnen an einen Mittagsschlaf, der später zusammen mit dem Baby praktiziert wird. Als Familie können wir überlegen, wie wir solche Erholungsoasen für die Schwangere schaffen können.

Tipps
für arbeitende
Großeltern

Es ist nicht selten, dass die werdenden Großeltern selbst noch unter Arbeitsbelastung stehen und wenig Zeit haben, um sich in die Schwangerschaft oder nach der Geburt aktiv einzubringen. Hier können regelmäßige Rituale die Möglichkeit bieten, dass die zukünftigen Großeltern mit der Schwangerschaft »mitwachsen«: Regelmäßige Treffen oder Telefonzeiten zum Austausch sind gute Möglichkeiten, damit das Band zur Schwangerschaft und zum wachsenden Baby ausgebildet werden kann. Vielleicht gibt es auch die Möglichkeit, sich für eine Vorsorgeuntersuchung in der Spätschwangerschaft oder einen gemeinsamen Einkauf für die Erstausstattung zu verabreden. Die werdenden Eltern erhalten so auch die Nachricht: Wir sind hier, ihr könnt euch auf uns verlassen.

Auch der andere Elternteil braucht Unterstützung

Nicht nur die gebärende Frau ist nun auf Unterstützung angewiesen, auch der andere werdende Elternteil steht in einem Wandlungsprozess. Manchmal ist es anfangs schwierig, wenn die Schwangerschaft noch nicht sichtbar ist, und auch dann, wenn sich der Bauch wölbt, stellt sich nicht immer gleich ein Gefühl dafür ein, dass ein Kind erwartet wird, zu dem nun eine Beziehung aufgebaut wird. Es beginnt auch hier die Auseinandersetzung mit der eigenen Kindheit und Fragen der Zukunft.

Es ist hilfreich, einen Ansprechpartner für die vielen Fragen und Gedanken zu haben, die sich nun ergeben. Gerade den modernen Vätern fehlen heute auch Rollenvorbilder, denn Vaterschaft hat sich in den vergangenen Jahren sehr gewandelt. Elternrollen werden heute weniger in Mutter und Vater aufgeteilt, sondern im Rahmen einer Partnerschaft gesehen. Väter unterstützen nicht Mütter, sondern nehmen gleich an der Elternschaft teil, tragen das Baby, nehmen Elternzeit. Kinder sind eine gemeinsame Aufgabe, die gleichberechtigt betrachtet wird. Familienangehörige der vorangegangenen Generation müssen sich mit diesem gewandelten Rollenbild auseinandersetzen und es akzeptieren. Der Gedanke eines Großvaters »So hätte ich es eigentlich auch gerne getan« kann sehr befreiend sein und zugleich Raum geben für neue Gespräche. Und das Wunderbare ist: Jetzt mit dem neuen Enkelkind kann sich dies erfüllen, denn auch Großeltern können ihre Enkel im Tragetuch tragen (siehe Kapitel »Eine Verbindung aufbauen durch Nähe«).

Auch Erstlingsmütter sind mündig

Wenn nahestehende Paare ein Kind bekommen, eventuell zum ersten Mal, klingt im Wunsch der Unterstützung oft auch mit, sie vor den Fehlern, die man selbst gemacht hat, bewahren zu wollen: »Mach bloß nicht …«, »Kauf dir nur nicht …«, »Vertrau nicht auf …«. Es ist manchmal ein schmaler Grat zwischen Unterstützung und Bevormundung, gerade in der so sensiblen Phase der Schwangerschaft. Als Angehörige begleiten wir den Weg der neu entstehenden Familie, geben Impulse, hören zu und bieten uns an, um Erfahrungen weiterzugeben, ohne sie aufzwingen zu wollen. In den nächsten Jahren werden die Eltern viele Entscheidungen treffen und beginnen nun in der Schwangerschaft damit, sich darauf vorzubereiten. So wie wir kleinen Kindern den Raum geben müssen, allein laufen zu lernen, müssen wir auch Eltern den Raum geben, Entscheidungen zu treffen und vielleicht auch einmal falsch zu liegen und sich umzuentscheiden ohne ein »Hab ich es dir doch gesagt!«. Eltern brauchen offene Ohren und nicht ermahnende Stimmen. So können sie auch zukünftig offen mit Problemen auf uns zukommen.

Checkliste:
Unterstützung in der
Schwangerschaft

- Jede Schwangerschaft ist anders: Nehmen Sie Probleme der Schwangeren ernst und seien Sie einfühlsam.

- Hilfen von sich aus anbieten: Eltern müssen nicht erst dann um Hilfe bitten, wenn wirklich Not vorhanden ist. Es kann auch einfach entlasten, wenn schon vorab Angebote gemacht werden, beispielsweise in Bezug auf Besorgungen.

- Wenn es für die Schwangere schwierig wird mit dem Tragen der Einkäufe: Übernehmen Sie die Einkäufe oder lassen Sie Produkte mit einem Lieferservice bringen.

- Wenn es in der Familie schon Kinder gibt: Schenken Sie der Schwangeren einen Babysitting-Gutschein, damit sie zum Schwangerenyoga oder zur Geburtsvorbereitung gehen kann oder das Paar etwas Zeit zu zweit hat, um zu planen und zu entspannen.

- Bürokratiehilfen: Wer ein Kind bekommt, muss an viele Sachen denken – vor allem auch an Formulare. Eine tolle Unterstützung ist es, werdenden Eltern hier Hilfe anzubieten und eine Liste zu machen mit allen Punkten, an die gedacht werden muss (Mutterschutz, Elterngeld/Elternzeit, ggf. Beratungsstellen zum Elterngeld suchen, Öffnungzeiten des Standesamts, …). Sind Familie und Freunde in anderen Städten, kann auch ein Gutschein verschenkt werden für einen sogenannten Schwangerschafts-Concierge-Service, der hilft. Diese gibt es mittlerweile in vielen größeren Städten oder online.

- Schwangerschaft ist keine Krankheit, aber oft anstrengend. In vielen Kulturen ist die Massage ein Bestandteil der Schwangerschaftsrituale, beispielsweise im Ayurveda. In Seitenlage oder auf einem speziellen Stuhl wird die Schwangere massiert, Verspannungen können gelöst und auch andere Beschwerden behandelt werden. Das Geschenk einer Massage ist eine schöne Unterstützung.

Familiengespräche

In emotional aufgeladenen Alltagssituationen kann es schnell zu Streitgesprächen kommen. Gerade in Familien kann es manchmal schwierig werden, wenn über unterschiedliche Grundsätze gesprochen wird und jeder eigene Gefühle und Erfahrungen einbringt. Es ist hilfreich, sich in Familiengesprächen, die Konfliktpotenzial bergen, an folgenden Punkten zu orientieren:

- Ich bleibe bei mir und meinen Erfahrungen: Ich berichte davon, was von meiner Sicht aus gut ist, was mir persönlich geholfen hat. Sätze mit »Du solltest …«, »Es ist besser, wenn du …« werden leicht als Angriff verstanden, und der andere ist dann nicht mehr zum Austausch bereit.

- Zuhören: Wenn wir sehr fest überzeugt sind von einem Sachverhalt, hören wir manchmal unserem Gegenüber nicht mehr zu, unsere Ohren sind wie verschlossen, und wir haben einen Tunnelblick. Es ist gut, sich gerade in Konfliktsituationen daran zu erinnern: Ich höre mir das mal genau an. Und wir können natürlich auch unser Gegenüber darum bitten, unsere Bedürfnisse wirklich zu erhören: »Bitte hör mir zu, und lass mich meine Gedanken bis zum Ende formulieren!«

- Manchmal fällt es schwer, den anderen und seine Ideen und Vorstellungen wirklich zu verstehen. Um es sich selbst zu erleichtern, kann man die Worte des anderen noch einmal zusammenfassen: »Wenn ich dich richtig verstehe, meinst du …«.

- Öfter nachfragen: Wenn uns Dinge fremd erscheinen, können wir sie uns erklären lassen.
  »Warum möchtest du die Vorsorgeuntersuchungen bei der Hebamme machen und nicht beim Arzt?«
  »Warum bekommt das Baby keinen Brei, kannst du mir erklären, warum das gut ist?«
  Wenn wir ehrliches Interesse an den Antworten haben, kommen wir besser zusammen und können einen gemeinsamen Weg gehen. Oder zumindest den anderen besser akzeptieren.

Keine Konkurrenz

Familien brauchen heute in vielen verschiedenen Bereichen Unterstützung, denn die Aufgaben, mit denen sie belastet sind, sind vielfältig. Unterstützung im Haushalt, Unterstützung in der Schwangerschaft durch eine Hebamme, Unterstützung durch Babysitter oder Babysitterinnen, Unterstützung durch Freunde und Familie. Vergrößert sich die Familie durch ein Kind, rücken auch zwei (oder mehr) Ursprungsfamilien näher zusammen: die Familien der Eltern des Kindes. Manchmal läuft dieses Zusammenrücken problemlos, manchmal gibt es aber auch Rivalität zwischen den Familien um die Gunst der jungen Eltern und des Babys. Es braucht Zeit, um sich zusammenzufinden und gute Wege zu gehen. Gerade dann, wenn die eine Ursprungsfamilie weiter entfernt wohnt und die andere am Ort ist, kann Rivalität entstehen. Auch andere Grundwerte oder unterschiedliche Religionen können Konfliktpotenzial mit sich bringen. Besteht die neue junge Familie vielleicht aus mehreren und/oder gleichgeschlechtlichen Elternteilen, kann das auf der einen oder anderen Seite zu Problemen führen, die die junge Familie unter Druck setzen. Für sie ist es eine zusätzliche Belastung, wenn die Elternteile als Streitschlichter agieren müssen. Das kann auch zu einem Rückzug führen. Beugen Sie dem von Anfang an vor, gehen Sie miteinander ins Gespräch und üben sich in Akzeptanz – Sie sind nun eine Familie und arbeiten zusammen am Wohlergehen der nächsten Generation.

Gerade Schwangerschaft und Babyzeit sind Phasen, in denen auch zusätzliche Unterstützung »eingekauft« wird, beispielsweise, indem eine Hebamme die Schwangerschaft begleitet. Solche Hilfen sind wichtig und erleichtern die Schwangerschaft sehr. Jede Person, die dazukommt, ist eine Unterstützung für eine bestimmte Zeit. Manchmal ist es schwierig, eine neue, ganz fremde Person so nah an der Familie zu akzeptieren. Es kann ein Gefühl der Eifersucht entstehen, gerade wenn ganz andere Impulse und Ideen eingebracht werden. Letztlich ist aber die Erkenntnis wichtig, dass auch hier alle zusammen an einem gemeinsamen Ziel arbeiten: eine gute Schwangerschaft und Geburt und ein gutes Ankommen im Leben.

Rivalität ausbremsen

Durch ein Baby rücken mehrere Familien zusammen. Treffen Sie sich mit den neuen Familienangehörigen einmal ohne die werdenden Eltern, und sprechen Sie über Ihre Gefühle, über zukünftige Aufgabenverteilungen. Liebe ist nichts, was geteilt werden muss, und in einer Familie ist genug Platz für Liebe und Dankbarkeit für alle. Es entlastet das Familienleben, wenn alle Akzeptanz gegenüber anderen leben.

Geburten im Wandel der Zeit

Im Laufe der Zeit haben sich die Empfehlungen, wie ein Baby am besten geboren werden sollte, gewandelt. Nach einer langen Zeit, in der natürliche Geburten die Regel waren, wurden Geburten in Krankenhäuser verlegt und mit vielen medizinischen Interventionen durchgeführt. »Durchgeführt« bedeutet dabei, dass die Gebärende keine großen Möglichkeiten hatte, den Ablauf der Geburt zu bestimmen und selbst wirksam zu werden. Frauen wurden »von ihren Kindern entbunden«.

Heute sind wir dazu zurückgekommen, dass Frauen nicht mehr entbunden werden, sondern gebären. Das Selbstbestimmungsrecht der Frau steht im Fokus des Gebärens, damit nicht nur ein gutes Ankommen des Babys im Leben sichergestellt werden kann, sondern die Geburt auch durch die Mutter als positiv wahrgenommen wird. Eine Geburt, die von der Mutter subjektiv als gut eingeschätzt wird, erleichtert die gelingende Bindung zwischen Mutter und Kind.[15] Je nach den bisherigen Lebenserfahrungen und Ängsten oder der Sicherheit durch das grundlegende Vertrauen in den eigenen Körper entscheidet jede Schwangere und jedes Paar heute für sich, an welchem Ort das Baby geboren werden soll: ob zu Hause, im Geburtshaus oder Krankenhaus. Insbesondere die gebärende Frau sollte die Wahl haben, um den für sie richtigen Ort zu wählen und die individuell richtige Betreuung zu erhalten. Der Verlauf der Geburt hat einen wesentlichen Einfluss darauf, wie sich die Bindung und das Familienleben in der kommenden Zeit weiterentwickelt. Ein problematischer Geburtsverlauf kann sich auf das Verhalten des Babys in der folgenden Zeit auswirken, und Babys, die mittels eines ungeplanten Kaiserschnitts geboren wurden, zeigten in einer Studie eine stärkere Tendenz zu häufigem Schreien.[16]

Hier kann geboren werden

Geburten können an vielen verschiedenen Orten gut stattfinden. Wichtiger als der Ort ist das Gefühl der Sicherheit und des Wohlbefindens der Schwangeren und die geeigneten Rahmenbedingungen für die individuelle Geburt.

Hausgeburt

In Begleitung einer (oder mehrerer) Hebammen ist eine Geburt zu Hause möglich, solange keine medizinischen Gründe dagegensprechen. Bis 1950 noch fanden Geburten normalerweise zu Hause statt. Die Gesellschaft für Qualität in der außerklinischen Geburtshilfe (QUAG e. V.) dokumentiert seit 1999 die Qualität der Geburtshilfe außerhalb des Krankenhauses und hält fest: Die Geburt zu Hause und im Geburtshaus ist sicher.[17]

Geburtshaus
oder Hebammenpraxis

Wer weder zu Hause noch im Krankenhaus gebären möchte, kann sich für eine Geburt im Geburtshaus oder in einer Hebammenpraxis entscheiden. Auch hier wird die Geburt von einer oder mehreren Hebammen begleitet. Nach einer Ruhephase nach der Geburt fährt die Familie nach Hause.

Krankenhaus

Das Krankenhaus ist in Deutschland der häufigste Geburtsort, nachdem seit 1964 die Krankenkassen die Kosten für Geburten dort übernehmen. Aus dem Bedürfnis nach medizinischer Versorgung in einem Notfall oder aufgrund einer Diagnose, die eine medizinische Versorgung verlangt, suchen Frauen eine Klinik zur Geburt auf. Auch wenn es mittlerweile sehr schöne Kreißsäle gibt, ist es besonders für die Geburt im Krankenhaus wichtig, einen geborgenen Rahmen für die Geburt herzustellen und diesen vorab vorzubereiten. Auch im Krankenhaus kann ambulant geboren werden, sodass die Familie im Anschluss nach Hause geht. Wer vor Ort bleibt, kann sich in vielen Kliniken um ein Familienzimmer bemühen, in dem nach der Geburt auch der Partner anwesend sein kann.

Der Einfluss der Hebamme
auf Wohlergehen und Entwicklung

Eigentlich wissen wir alle, wie wichtig es ist, in manchen Situationen einen Menschen an der Seite zu haben, auf den wir uns ganz verlassen können. Gerade wenn wir krank sind, im Krankenhaus oder in einer anderen Situation, die wir aufgrund mangelnder Erfahrungen selbst schwer einschätzen können, ist es gut, die Last mit jemandem zu teilen und sich sicher zu fühlen: »Dieser Mensch berät mich richtig und gut. Ich verlasse mich auf diese Einschätzung!«

Hebammen sind eine sehr große Unterstützung für Eltern, und insbesondere Frauen profitieren von der Versorgung durch eine Hebamme: Sie berät rund um die Schwangerschaft, zur richtigen Ernährung, zur Geburtsvorbereitung, und versorgt die Mutter im Wochenbett mit Wissen, Zuwendung und medizinischer Unterstützung. Einer britischen Untersuchung aus dem Jahr 2013[18] zufolge hat insbesondere die kontinuierliche Betreuung von der Vorsorge bis zum Wochenbett einen großen Einfluss auf die Geburt und das Wohlbefinden: Hierdurch wird das Risiko von Fehl- oder Frühgeburten vermindert, die Wahrscheinlichkeit einer vaginalen Geburt steigt, während die Häufigkeit sonstiger Eingriffe unter der Geburt sinkt. Auch andere Studien belegen: Hebammenbetreuung wirkt sich positiv auf das Wohlbefinden der Schwangeren, die Geburt und das Wochenbett aus und hat damit Einfluss auf die gesamte Entwicklung der Familie. Die Arbeit von Hebammen ist deswegen für werdende Familien sehr wichtig, und Familienangehörige sollten die werdenden Eltern darin bestärken, eine Hebamme für Vorsorge, Geburt und Wochenbett hinzuzuziehen.

Durch die aktuellen Entwicklungen der Gesundheitspolitik und die gestiegenen Versicherungskosten bei gleichzeitig geringem Verdienst der Hebammen ist die Versorgung mit Hebammen stark eingeschränkt, insbesondere in ländlichen Regionen. Dies wirkt sich auch auf die Möglichkeit einer Geburt zu Hause oder im Geburtshaus aus. Hier ist es besonders wichtig, frühzeitig nach einer Begleitung zu suchen und schon in den ersten Schwangerschaftswochen Kontakt aufzunehmen.

Die Arbeit von Hebammen sollte nicht unterschätzt werden. Es ist eine langfristig gute Investition, die werdenden Eltern darin zu unterstützen, eine Hebamme zur Betreuung zu finden. Am besten ist es, eine Hebamme für Vorsorge, Geburt und Wochenbett hinzuzuziehen. Die Vorsorgeuntersuchungen können auch die eines Arztes ersetzen oder abwechselnd bei Hebamme und Arzt stattfinden. Zumindest für das Wochenbett sollte auf jeden Fall eine Hebamme gewählt werden, die beim Übergang und der Versorgung nach der Geburt hilft.

Eine
Hebamme suchen

Die Auswahl der Hebamme obliegt allein den werdenden Eltern und insbesondere der Schwangeren, die in dieser sensiblen Phase einen Menschen an der Seite braucht, der zu ihr passt. Bei der Suche nach einer Begleitung können diese Stellen nützlich sein:

- Hier können freiberufliche Hebammen in Wohnortnähe gesucht werden: *www.hebammenverband.de/familie/hebammensuche/*

- Ist eine Geburt im Krankenhaus geplant, sollte dort nach Beleghebammen gefragt werden. Diese übernehmen oft auch Vorsorge und Wochenbettbegleitung.

- Bei außerklinischen Geburten oder wenn keine angestellte Hebamme im Krankenhaus zur Begleitung verfügbar ist: Hebammenpraxen, Geburtshäuser oder freiberufliche Hebammen anfragen.

- Wenn keine Hebamme gefunden wird: Informieren Sie Ihre Krankenkasse und das Gesundheitsamt ihres Wohnortes, tragen Sie den Mangel auf der »Landkarte der Unterversorgung« ein: *www.unsere-hebammen.de/mitmachen/unterversorgung-melden/*

Weitere
Geburtsbegleitung

Nicht nur wenn keine Hebamme gefunden wird, kann eine zusätzliche Begleitung während der Schwangerschaft oder unter der Geburt durch eine geburtserfahrene Frau sinnvoll und unterstützend sein. Dass Frauen unter der Geburt Beistand bekommen, wenn sie das wünschen, ist normal und richtig: Eine Analyse von 128 nicht industrialisierten Jäger-, Sammler- und Ackerbau-Gesellschaften[19] zeigt, dass es bei nahezu allen »üblich war, der Mutter während der Geburt ständigen Beistand zu leisten«. Früher war es in vielen Kulturen üblich, dass eine Gruppe von Frauen zur Unterstützung der Geburt zusammenkam.

Neben Hebammen hat sich auch der Berufszweig der Doula in den vergangenen Jahren (wieder) etabliert: Doulas (von altgriechisch »Dienerin«, »Sklavin«, »Magd«) sind geburtserfahrene Frauen, die schwangere Frauen und deren Familien von der Schwangerschaft über die Geburt bis zum Wochenbett begleiten und durch konkrete Hilfen unterstützen: durch Wissensangebote und persönlichen Beistand. Auch die Doula ist um den Geburtstermin in Rufbereitschaft und begleitet die werdende Mutter von Beginn der Wehen bis nach der Geburt, um ihr Beistand und Hilfe zu geben, ohne jedoch medizinische Aufgaben zu übernehmen. Doulas sind in der Regel speziell für diese Tätigkeit geschult, um fachkundig zu unterstützen. Studien[20] zeigen, dass durch eine solche Begleitung die Geburtsdauer verkürzt werden kann und weniger medizinische Interventionen notwendig sind.

Auch Doulas sind jedoch nicht überall verfügbar. Auch wenn uns der Gedanke heute erst einmal fremd erscheint, lohnt es sich doch, ihn zuzulassen: Nicht nur der Partner kann die Gebärende begleiten, sondern auch (zusätzlich) eine andere nahestehende Person wie eine Schwester, Mutter oder Freundin – sofern die Gebärende das wirklich wünscht. Der Vorteil mehrerer begleitender Personen zur Geburt ist vielfältig: Gerade bei Geburten im Krankenhaus ist die Eröffnungsphase oft lang und wird wenig durch das Klinikpersonal begleitet. Zusammen mit einer anderen nahestehenden, geburtserfahrenen Frau kann diese Anfangsphase kurzweiliger werden. Laut Studienergebnissen des Picker-Instituts[21], in dem 9600 Wöchnerinnen befragt wurden, erfahren Gebärende in großen Kliniken zu wenig körperliche und emotionale Unterstützung aufgrund des Personalmangels. Persönlich begleitende Personen können sich jedoch in der Begleitung abwechseln, und es ist möglich, zwischendurch ohne schlechtes Gewissen zur Ruhe zu kommen, auf Toilette zu gehen oder etwas zu Essen zu besorgen. In der Klinik ist es zudem von großer Bedeutung, einen guten und geborgenen Rahmen für die Geburt herzustellen, damit die Geburt ohne Interventionen in Ruhe verlaufen kann. Um diesen Rahmen können sich die begleitenden Personen kümmern und ihn immer wieder den Bedürfnissen anpassen.

Familie und Freunde als Geburtsbegleitung – worauf kann ich achten?

- Auch wenn es (noch) ungewohnt ist: Wer sich vorstellen kann, die Geburt von Freundin, Tochter, Nichte oder Cousine zu begleiten, kann das einfach vorschlagen. Wichtig: Die Gebärende entscheidet, ob es geht, und auch eine Absage sollte ohne negatives Feedback angenommen werden.

- Wer eine Geburt begleitet, sollte keine Ängste mitbringen und mit den eigenen Erfahrungen im Reinen sein (siehe unten).

- Die Begleitung ist ausschließlich für das Wohlergehen der Frau oder des Paares unter der Geburt zuständig: Sie hilft, organisiert, unterstützt, massiert, holt Tee, zündet Kerzen an, wechselt die Musik, holt Essen, informiert Freunde und Verwandte bzw. schirmt die Gebärende oder das Paar vor neugierigen Nachfragen ab.

- Soll die Geburt in einer Klinik stattfinden: vor Ort nachfragen, ob auch zwei begleitende Personen dabei sein können.

- Hebammen sind die Fachfrauen zur Begleitung einer Geburt. Wer als Familie oder Freundin der Gebärenden zur Geburt hinzukommt, kann deren Arbeit unterstützen, aber es darf nicht zu einer Konkurrenzsituation kommen. Das Wohl der Gebärenden und des Kindes steht immer im Vordergrund.

Vorbereitung
auf die Geburt

Hebammen und Familienangehörige können einen ganz wesentlichen Anteil daran haben, eine Familie auf die Geburt vorzubereiten. Darüber hinaus gibt es aber auch Geburtsvorbereitungskurse, die teilweise von den Krankenkassen übernommen werden, in denen sich Frauen (mit Partner oder Partnerin) auf die Geburt vorbereiten können: Hier wird erklärt, wie eine Geburt zu Hause, im Geburtshaus oder der Klinik abläuft. Neben den Informationen zum Ablauf der Geburt wird erklärt, wie eine Geburt durch Atmung und Bewegung gut unterstützt werden kann. Gerade heute, wo das Wissen um die natürliche Geburt begrenzt und die Geburt des ersten Kindes oft die erste Erfahrung ist, die Frauen mit einer Geburt machen, da sie nicht bei anderen Geburten anwesend waren, ist eine solche Vorbereitung wichtig und hilfreich.

Neben den klassischen Geburtsvorbereitungskursen, die von Krankenkassen übernommen werden, gibt es Kurse, die sich mit besonderen Methoden beschäftigen, wie Hypnobirthing, bei dem Frauen erlernen, wie sie in einem tranceähnlichen Zustand gebären können, oder Yogakurse, die besonders die Bewegung fördern und durch passende Angebote die Frau körperlich auf die Geburt vorbereiten. Der Bauchtanz ist ursprünglich ein Schwangerschafts- und Geburtsritual, durch dessen Bewegungen das Baby in das Becken rutschen und auch die Geburt erleichtert werden sollte. Auch heute gibt es spezielle Schwangeren-Bauch-tanzgruppen zur Geburtsvorbereitung. Auf dem großen Markt der Angebote rund um die Geburt gibt es zudem spezielle Workshops für Großeltern und (zukünftige) Babysitterinnen.

Geburtsgeschichten und Ängste

Wenn ein nahestehender Mensch schwanger wird, kommen die eigenen Erinnerungen an die Schwangerschaft und Geburt wieder hervor, manchmal so stark, dass wir fast körperlich nachfühlen können, wie es bei einem selber war. Weil wir den Menschen uns gegenüber lieben, möchten wir ihm sagen: »Mach bloß nicht …«, »Hüte dich vor …« Und schnell werden auch eigene negative Erfahrungen übertragen: »Also ich hatte ja gar keine Wehen, das ist bestimmt vererbbar«, »Du bist ja auch so schmal gebaut wie ich, wir haben kein gebärfreudiges Becken.« Auch Geschichten, die gar nicht mit der bald gebärenden Frau im Zusammenhang stehen, sondern unsere ganz eigenen Geschichten sind, können Ängste schüren und Verunsicherungen ausbilden.

Für die anstehende Geburt ist es jedoch gerade wichtig, nicht verängstigt in die Geburt zu gehen. Wenn negative Geburtserlebnisse uns belasten, ist es nicht der richtige Zeitpunkt, diese nun durch Gespräche mit der Schwangeren zu verarbeiten. Ist die Schwangerschaft so aufwühlend, sollten wir einen anderen Ansprechpartner finden, das schlechte Geburtserlebnis ggf. sogar therapeutisch aufarbeiten. Auch Jahre oder Jahrzehnte nach der letzten Geburt kann dieses Loslassen von der eigenen negativen Geschichte sehr heilsam sein.

Die aktuell Schwangere hingegen sollte sich mit positiven Geburtserlebnissen befassen, um das Vertrauen in die eigene Gebärfähigkeit zu unterstützen. Die bekannte ame-

Wenn eigene Geburtserfahrungen aufwühlen

Manchmal werden durch die Schwangerschaft eines nahestehenden Menschen die eigenen Erfahrungen der Geburt aufgewühlt. Es kann bei negativen Erfahrungen hilfreich sein, Gesprächspartner zu finden, um die Erfahrungen zu verarbeiten. Geburtsberichte sind zudem 30 Jahre lang in der Klinik, in der man geboren hat/wurde, einforderbar. Die Einsicht in die Akte muss nach §630 g BGB gestattet werden. Bei traumatisch erlebten Geburten oder zum Verständnis der Fachbegriffe kann es hilfreich sein, den Bericht mit einer Hebamme oder Traumatherapeutin durchzusprechen.

rikanische Geburtshelferin Ina May Gaskin hebt in ihrem Buch »Birth Matters – Die Kraft der Geburt« hervor, wie wichtig diese positiven Berichte in einer Zeit sind, in der Geburten hinter verschlossenen Türen geschehen.[22] Auch unter der Geburt ist es wichtig, der Gebärenden Angstgefühle nicht zu zeigen: Haben Menschen in der Umgebung einer Gebärenden einen hohen Adrenalinspiegel, reagiert sie ebenfalls mit einem Anstieg des Adrenalins[23], was den Geburtsverlauf hemmt. Wann immer wir also positive Geschichten von Kraft, Selbstvertrauen und Mut berichten können, ist nun ein guter Zeitpunkt. Die negativen Erfahrungen, die ebenfalls besprochen und ausgesprochen werden müssen, gehören hingegen an einen anderen Ort.

Blessing Way oder Babyparty?

Die Schwangerschaft ist eine besondere Phase im Leben, die für sich steht und gleichzeitig eine Zeit des Übergangs in einen ganz neuen Lebensabschnitt ist. In vielen Kulturen werden solche Umbrüche gefeiert: zur Geburt, zur Taufe, zur Menarche etc. Auch das Mutterwerden wird anderenorts mit Weihen und anderen Festivitäten verehrt und besonders zelebriert. In unserem Kulturkreis hat sich in den letzten Jahren die Babyparty oder Babyshower etabliert: Hier liegt der Fokus auf dem Baby, und es gibt Geschenke

Ideen für eine Babyparty

Eine Babyparty (Babyshower), die im letzten Schwangerschaftsdrittel stattfindet, wird von Familie oder Freunden organisiert, sodass die werdende Mutter dadurch nicht belastet wird. Es werden Familie und Freunde eingeladen, die Geschenke mitbringen.

- Geschenke: Absprachen sind wichtig, um Dopplungen zu vermeiden. Gut ist es, wenn die Eltern eine Wunschliste haben, sodass wirklich benötigte Sachen geschenkt werden können.

- Typisches Geschenk einer Babyparty ist die Windeltorte: eine aus Windeln »gebaute« Torte, verziert mit Babypflegeprodukten. Eine besondere Idee: eine Stoffwindeltorte, bei der jeder Gast eine Stoffwindel für das Baby beisteuert.

- Ein besonderes Element der Babyparty sind Spiele, die auf zukünftige Tätigkeiten hinweisen: Puppen werden gewickelt, Babybrei wird mit verbundenen Augen probiert, um die Sorte zu erraten. Jeder Gast kann ein Foto von sich als Baby mitbringen, die Fotos werden gemischt, und es wird geraten, zu welchem Gast welches Foto gehört.

Gestalten Sie einen Blessing Way

Der Blessing Way, der einige Wochen vor der Geburt stattfindet, wird ebenfalls von Familie oder Freunden organisiert, eingeladen werden in der Regel ausschließlich Frauen. Auch hier gibt es Geschenke, aber die werdende Mutter steht im Vordergrund mit ihrem persönlichen Wohlbefinden und der Umstellung auf das neue Leben.

- Geschenke: alles, was der Mutter guttut, beispielsweise Pflegeprodukte, ätherische Öle für die letzten Wochen oder für die Geburt.
- Vor allem persönliche und ideelle Geschenke: Karten mit positiven Gedanken zur Geburt oder einer schönen Affirmation.
- Wohlfühlen und Pflege stehen bei der Feier im Vordergrund: Es kann Massagen geben, Fußbäder, Hennabemalungen, …
- Gemeinsam kann ein Poster gestaltet werden mit positiven Gedanken oder Bildern für die Geburt, oder es wird eine Geburtskerze gebastelt, auf die jeder Gast einen Wunsch schreibt (Kraft, Vertrauen, Gelassenheit, …).
- Gutscheine für Hilfsangebote nach der Geburt können gestaltet oder ausgehändigt werden.

und Spiele rund um die Versorgung des Babys wie »Windelolympiaden« und »Fütterungsspiele«.

Eine andere Tradition, die von den Navajo, amerikanischen Ureinwohnern, übernommen wird, ist der Blessing Way, bei dem der Schwerpunkt bei der werdenden Mutter liegt: Die Gästinnen sind eingeladen, der schwangeren Frau gute Wünsche zu übermitteln, sie zu stärken und liebevoll zu umsorgen, damit sie genau dies auch zukünftig für ihr Kind tun kann. Bei dieser Feier geht es rund um die Versorgung der Schwangeren, und es gibt eine Vielzahl schöner Ideen, die Familie und Freunde umsetzen können: von einer Rauchzeremonie mit Salbei, um böse Geister zu vertreiben, bis hin zu einfachen Wünschen für die Geburt, die auf Papier, ein Poster oder eine Girlande geschrieben werden. Am Tag der Feier kann die Schwangere mit Massagen, Haarpflege und Fußbädern verwöhnt werden. Eine schöne Idee ist es auch, den Bauch mit Henna bemalen zu lassen, während die Gäste die Hände mit Hennamustern bemalt bekommen und so eine Verbindung zwischen allen hergestellt wird (Henna hält ein bis drei Wochen). Jede Frau kann eine hübsche Perle zur Feier mitbringen, die dann zusammen auf ein Armband aufgezogen werden, das die Schwangere zur Geburt trägt. Die Ideen, die hier einfließen können, sind vielfältig und eine Frage des persönlichen Geschmacks. Kurz vor der Geburt kann ein solches Fest jedoch noch einmal helfen, um sich auf den neuen Abschnitt vorzubereiten und zu spüren, wie viele Menschen es gibt, die einen liebevoll umsorgen und unterstützen.

Letzte
Vorbereitungen

Viele Schwangere bekommen rund um den Geburtstermin einen besonderen Nestbautrieb und putzen die Wohnung noch einmal gründlich, räumen auf und bereiten alles sorgsam vor, denn in den Wochen nach der Geburt wird all das erst einmal in den Hintergrund treten. Der Nestbautrieb sollte allerdings auch nicht übertrieben werden: Laut Hebammenberichten renovieren mehr als ein Drittel der Paare die Wohnung erheblich oder ziehen in neu renovierte Räume ein, die durch Farben und Lösungsmittel jedoch ein Gesundheitsrisiko bergen.[24] Bleibt der Putztrieb vor der Geburt hingegen in einem normalen Rahmen, spricht nichts gegen die Unterstützung, damit »das Nest« für die Familie passend vorbereitet werden kann.

Umgang
mit dem Geburtstermin

Irgendwann rückt der errechnete Geburtstermin näher, die Spannung und Neugierde in der Familie und im Freundeskreis steigt an. Gibt es schon Neuigkeiten? Ist es so weit? Stimmt etwas nicht? Viele Hebammen empfehlen Schwangeren, den genauen Geburtstermin nicht zu nennen oder bewusst einen falschen Termin zu nennen, der Wochen

Das Nestbauritual

Ein gemeinsam geplantes Putzwochenende kann ein schönes Ritual sein. Hier kann auch zusammen für die nächsten Wochen vorgekocht werden. Alternativ können Freunde und Familie in den Wochen vor der Geburt vorgekochte Mahlzeiten zum Einfrieren oder eingewecktes Essen mitbringen. Der Vorratsschrank kann nun mit haltbaren Nahrungsmitteln aufgefüllt werden und vor allem mit schnell verfügbaren Angeboten, wenn durch das Stillen auf einmal großer Hunger zwischendurch aufkommt.

In den ersten Monaten nach der Geburt benötigen stillende Mütter täglich etwa 300 bis 600 kcal mehr. Sie sollten diesem Bedürfnis auf möglichst einfache, aber ausgewogene Weise durch kleine Zwischenmahlzeiten nachkommen können. Eine Auswahl an Müslizutaten mit Nüssen, Leinsamen und (getrockneten) Früchten kann beispielsweise eine gute Möglichkeit sein, um ein schnell verfügbares Angebot bereitzuhalten. Ein solches Müslibuffet kann in verschiedenen Einweggläsern im Küchenregal Platz finden. Auch Stillkekse oder Energiekugeln sind eine schöne Unterstützung.

nach dem errechneten Geburtstermin liegt, um die Familie vor dem Stress der Neugierde und Ungeduld zu bewahren. Denn nun steht die Gebärende im Mittelpunkt und braucht größtmögliche Entspannung, um in Ruhe gebären zu können. Stress und Unruhe wirken sich hingegen negativ auf die Geburt aus. Die oberste Regel zur Unterstützung rund um die Geburt ist daher: Geduld! Unnötige Anrufe und Nachfragen sind unpassend.

Ist der errechnete Geburtstermin überschritten, ist die Schwangere besonders auf Mitgefühl angewiesen. Wie alle biologischen Prozesse, ist auch die Geburt höchst individuell. Oft erleben Schwangere nach Überschreiten der 40. Schwangerschaftswoche nun Druck und müssen wichtige Entscheidungen treffen. Freunde und Familien sollten diesen Druck nicht verstärken, sondern sensibel auffangen und sie unterstützen.

Der errechnete Termin ist nur eine mathematische Berechnung, der auch Fehler unterliegen können. Unterschiedliche Zyklen, unterschiedliche Entwicklungen des Babys fließen hier ein. Der Gynäkologe Prof. Dr. Hildebrandt spricht sich daher dafür aus, dass die Bezeichnung »Geburtstermin« generell nicht mehr verwendet werden sollte, sondern lieber von einem »Geburtszeitraum« gesprochen werden sollte.[25] Es ist nicht zu erwarten, dass das Baby »pünktlich« erscheint. Nicht nur die Schwangere muss zum Ende der Schwangerschaft Geduld aufbringen, sondern auch das Umfeld. Gerade jetzt ist die Schwangere sehr sensibel, und Worte ihr gegenüber sollten sorgsam gewählt werden, um sie nicht zusätzlich zu verunsichern oder zu ängstigen.

Nach Überschreitung des errechneten Geburtstermins werden oft regelmäßig Fruchtwassermenge, Kindsbewegungen und Herztöne überprüft, sodass ganz in Ruhe abgewartet werden kann. Erst dann, wenn medizinische Ursachen wirklich gegen das weitere Abwarten sprechen, wird die Geburt eingeleitet. Eine Geburtseinleitung durch Medikamente kann sehr anstrengend sein – dies umso mehr, wenn eigentlich eine Geburt zu Hause oder im Geburtshaus geplant war und nun diese Möglichkeit aufgrund ärztlicher Anordnung nicht mehr zur Verfügung steht und sich die Schwangere von diesem Wunsch und den eigentlichen Planungen verabschieden muss.

»Stell dich nicht so an!« oder »Das Wohl des Babys ist wichtiger!« sind Sätze, die gerade jetzt wenig einfühlsam sind. Die Trauer um die Planänderung sollte ihren Raum bekommen. In der neuen Situation ist es wichtig, der Schwangeren dennoch ein Gefühl der Sicherheit und Geborgenheit zu ermöglichen. Eine schöne Atmosphäre kann auch im Krankenhaus geschaffen werden, indem beispielsweise besondere Sachen von zu Hause gebracht werden, die ihr helfen und es gemütlich machen. Auch dies ist eine Möglichkeit der Unterstützung: Fragen Sie die Schwangere: Wie kann ich es dir an diesem (ungeplanten) Ort schön machen? Wie kann ich dir jetzt und hier helfen?

*Wenn es
losgeht ...*

Jedes Paar entscheidet selbst, wie es mit dem Geburtsstart umgehen will. Einige wollen ihn nicht vorab mitteilen, andere schicken eine SMS an Familie und Freunde. Wird »das Dorf« informiert, können nun Vorbereitungen im Hintergrund laufen, das »Gebärteam« aber sollte nun nicht durch Nachfragen aus dem Konzept gebracht werden. Es ist wichtig, dass sich die Gebärende auf die Geburt ganz einlassen kann und den Bereich des Gehirns, der für Grübeleien und Überlegungen zuständig ist, nicht aktivieren muss. Sondern sich ganz der Geburt hingibt, für die die stammesgeschichtlich älteren Gehirnregionen zuständig sind.

Ist das Paar zur Geburt im Krankenhaus, kann (sofern es vorher besprochen wurde), die Wohnung für eine schöne Ankunft vorbereitet werden: Im Wochenbett legt sich die Gebärende oft gern in ein frisch bezogenes Bett, das vorher mit einem Matratzenschutz für den Wochenfluss ausgelegt wurde. Wasserflaschen können an das Bett gestellt werden, damit ausreichend getrunken wird, Vorräte werden noch einmal überprüft und aufgefüllt. Alles kann vorbereitet werden, damit die junge Familie möglichst wenig Arbeit hat, wenn sie zurückkehrt, um direkt in das ruhige Wochenbett zu starten.

Idealerweise ist auch vor Geburtsbeginn geklärt, wann und wie der erste Besuch stattfinden kann: Dürfen die

Großeltern gleich nach der Geburt kurz zu Besuch kommen, um das Baby zu sehen, und Essen mitbringen? Soll die Wochenbettsuppe nur kurz an der Tür überreicht oder davorgestellt werden? Gibt es einen Abholservice mit Babyschale aus dem Krankenhaus? Wird das Baby ambulant geboren und die Familie kehrt nach der Geburt direkt nach Hause zurück kann die Anwesenheit von liebevollen Menschen hilfreich sein: wenn das Baby in die Wohnung gebracht werden will, gleichzeitig aber noch die Mutter nach der Geburt beim Gehen vielleicht eine Stütze braucht und auch noch die Kliniktasche getragen werden muss. Eine helfende Hand, die die Familie von der Klinik abholt, dem Paar ermöglicht, zusammen beim Baby auf der Rückbank zu sitzen, beim Tragen hilft und idealerweise noch Essen mitbringt, kann hier eine gute Unterstützung sein.

Auch wenn der Wunsch danach, das neue Familienmitglied sofort zu sehen, groß ist, steht nun das Wohl der neuen, kleinen Familie im Vordergrund. Ebenso müssen die aktuellen Bedürfnisse der Eltern beachtet werden. Persönliche Bedürfnisse sollten deshalb hintangestellt werden – zum Wohl der ersten Bindung und für ein gelingendes Ankommen. Wer hilft, sollte dies nun berücksichtigen und tatsächlich nur dort zur Hand gehen, wo es gewünscht ist. Es drängt auch nicht: Das liebevolle Band des Babys zu anderen Personen kann jederzeit gesponnen werden und muss nicht sofort nach der Geburt hergestellt werden. Es beeinflusst die Qualität nicht, ein paar Tage zu warten.

Unterstützung
zur Geburt

- Geduld!
- Kochen Sie für die Wochenbettzeit vor bzw. füllen Sie Vorräte zu Hause auf.
- Schenken Sie ein Körbchen mit leckeren, energievollen Snacks für die Geburt. Manchmal ist das Nahrungsangebot im Krankenhaus nicht das, was den Bedürfnissen entspricht. Bei einer eventuell langen Geburt ist es gut, ausreichend Energie zu haben.
- Kochen Sie eine Wochenbettkraftsuppe (Rezept nachfolgend).
- Wenn es mit den werdenden Eltern vereinbart ist, bereiten Sie die Wohnung während der Geburt auf das Wochenbett vor: Bett frisch beziehen und mit Matratzenschutz auslegen, im Bad Wochenbettvorlagen in der Nähe der Toilette deponieren wie auch eine Kanne und Calendulaessenz neben der Toilette aufstellen: Bei Dammverletzungen oder auch Schmerzen durch Abschürfungen, kann es zunächst zu einem Brennen beim Wasserlassen kommen. Hier kann es hilfreich sein, beim Urinieren lauwarmes Wasser, dem ein paar Tropfen Calendulaessenz zugegeben wurde, über den Dammbereich oder die Scheide laufen zu lassen.
- Geeignete Rahmenbedingungen bei der Geburt sind: sanftes Licht, angenehme Wärme, ruhige sichere Räume ohne Hektik durch Personal, konstante Begleitung durch gleich bleibende Personen, keine Ängste vermitteln oder aufkommen

lassen. Alle Anwesenden sollten Vertrauen in die Geburt haben und die Gebärende durch liebe Worte, Gesten, Mimik und positiven Körperkontakt unterstützen. Die Gebärende führt durch die Geburt und wird von den sie umgebenden Personen unterstützt.

Rezept: Stillkekse

Das benötigen Sie:

200 g Mehl	200 g Schokostückchen
250 g Haferflocken	150 ml Wasser
100 g Mandelmus	1 TL Backpulver
70 g geschmolzene Butter	1 TL Salz
140 g Leinsamen	1 TL Zimt
140 g brauner Zucker	2 TL Vanille
140 g Nüsse	

Zubereitung:

- Alle Zutaten gut miteinander vermengen und bei 180 °C im Gasofen auf mittlerer Schiene 15 Minuten backen und auf einem Gitter abkühlen lassen.
- Achtung: Die Kekse sind wirklich sättigend und sollten nicht in Massen gegessen werden. Sie ergänzen nur in den ersten Wochen gut die Nahrung, wenn die Mütter sich noch an den neuen Alltag gewöhnen müssen und noch nicht mit den neuen Mahlzeiten umgehen können. Voll stillende Mütter benötigen etwa 500 Kalorien mehr am Tag als nicht stillende Mütter.

Das Wochenbett
als Erholungszeit

Das Wochenbett ist eine besondere Zeit der Ruhe, des Aneinandergewöhnens und Ankommens. Das Baby kommt noch relativ unreif zur Welt und benötigt liebevolle, prompte und ruhige Zuwendung in den ersten Wochen (siehe Kapitel »Sich gut verbinden«). Aber nicht nur für das Baby ist nun eine Zeit der Ruhe wichtig. Genau auf die Bedürfnisse des Babys zugeschnitten ist die Ruhezeit der Mutter mit der Empfehlung, dass das Wochenbett eigentlich acht Wochen andauern sollte. Das bedeutet nicht, dass Mutter und Baby acht Wochen lang tatsächlich im Bett liegen sollen, aber sie benötigen eine Zeit der Ruhe und Erholung. Auch wenn äußerlich betrachtet nach einer normalen Geburt bereits nach ein bis zwei Wochen die Mutter gekräftigt und vital wirkt, finden weiterhin Rückbildungsprozesse statt, die Milchbildung und -aufrechterhaltung benötigt Entspannung, und auch das emotionale Gleichgewicht muss erst hergestellt werden. Ist die Geburt mit größeren Eingriffen verbunden gewesen oder gar mit einem Kaiserschnitt, ist das Bedürfnis nach körperlicher Erholung noch präsenter.

Nach einer Geburt ohne größere Eingriffe fühlen sich viele Frauen in den ersten Tagen zunächst hormonbedingt sehr energievoll, und erst nach einigen Wochen tritt eine Phase der Erschöpfung ein. Diese sollte aufgefangen werden, besser aber ist es, auch von Anfang an darauf zu ach-

Bekochen
im Wochenbett

Familie und Freunde können die Wochenbettzeit entspannen, wenn sie Hausarbeiten jeder Art übernehmen, besonders eine ausreichende Versorgung der Wöchnerin mit ausgewogener Nahrung ist sehr hilfreich.[26] Auch wenn viele Wöchnerinnen ein großes Bedürfnis nach Süßigkeiten haben, kann dieses nachhaltiger auch ohne Schokolade und Gummibärchen durch Studentenfutter, getrocknete Früchte oder Frischkornbrei gestillt werden: Wie in der Schwangerschaft ist auch in der Stillzeit der Bedarf an bestimmten Nährstoffen erhöht, weshalb Energie nicht durch recht »inhaltslose« Energielieferanten zur Verfügung gestellt werden sollte, sondern durch Nahrungsmittel mit hoher Nährstoffdichte, sodass die stillende Mutter Folsäure, Magnesium, Jod, Zink, Proteine und die Vitamine A, B und E zu sich nimmt. Ernährt sich die Mutter vegetarisch oder vegan, kann auch eine Supplementierung notwendig sein, das heißt eine ergänzende Versorgung mit einzelnen Nährstoffen. Meist sind diese Mütter jedoch wohl informiert über die Bedürfnisse ihrer Ernährung.

Nach der Geburt rücken die Organe wieder an ihren ursprünglichen Platz, beispielsweise auch der Darm. Oft wurde dieser unter der Geburt entleert, und es dauert einige Zeit bis zum ersten Stuhlgang. Gerade bei Geburtsverletzungen oder einer Dammnaht kann die Angst vor dem ersten Stuhlgang groß sein, es bietet sich deswegen an, Nahrung zu sich zu nehmen, durch die der Darminhalt nicht zu fest wird, wie auch auf eine ausreichende Flüssigkeitszufuhr zu achten. Generell sollte eine Flüssigkeitszufuhr nach Bedarf erfolgen, das heißt es muss nicht zwangsweise eine bestimmte Menge Wasser oder gar Stilltee getrunken werden, sondern es kann auf die persönlichen Bedürfnisse geachtet werden. Durch die Oxytozinausschüttung haben aber viele Frauen Durst beim Stillen, weshalb immer Wasser in Reichweite stehen sollte. Einfaches Leitungswasser reicht hier vollkommen aus, aber auch gegen Mineralwasser oder Tee ist nichts einzuwenden. Blähende Lebensmittel können in den ersten Tagen weggelassen werden, um die Verdauung der Wöchnerin nicht zu sehr zu beanspruchen.

In Bezug auf Blähungen beim Baby kann in den nächsten Wochen gesehen werden, ob und wenn ja, welche Lebensmittel Blähungen auslösen. Prinzipiell wird heute aber angeraten, nicht prophylaktisch alle potenziell blähenden Lebensmittel vom Speiseplan zu streichen, da die Ernährung der stillenden Frau sonst zu einseitig werden könnte. Rote Beete, Brokkoli oder Hirse können als Zutaten der Wochenbettmahlzeiten den Eisenhaushalt unterstützen und ein Hirsebrei mit Apfeldicksaft kommt auch dem Bedürfnis nach Süßem entgegen.

Frischkornbrei

Ein Frischkornbrei kann ein guter Start in den Tag sein oder auch eine gute und immer wieder variable Zwischenmahlzeit. Man kann sie vorbereitet aufbewahren und so schnell zubereiten.

Für 1 Portion

3 EL geschroteter Hafer, Hirse oder Getreideflocken

1 Apfel

1 EL Sahne oder vegane Alternative

1 EL Nussmus

Nach Wunsch gehackte Nüsse oder Trockenfrüchte evtl. Honig oder Apfeldicksaft

Etwas Zimt

Zubereitung

- Das geschrotete Getreide oder die Getreideflocken mit etwas Leitungswasser zu einem Brei rühren und einige Zeit stehen lassen.
- In der Zwischenzeit den Apfel reiben und unterheben, dazu die Sahne (bei Bedarf vegan), kleingehackte Nüsse oder fertiges Nussmus unterheben und mit Trockenfrüchten oder saisonalen Früchten dekorieren.
- Trockenpflaumen können hilfreich sein, um die Darmtätigkeit anzuregen.
- Wer mag, kann den Frischkornbrei mit Apfeldicksaft oder Honig süßen oder auch eine Prise Zimt hinzugeben.

Wochenbettkraftsuppe

Die Wochenbettkraftsuppe kann ein wunderbares Ritual zur Begleitung der Geburt sein, ebenso wie ein Geschenk zur Kräftigung danach. Wird das Baby zu Hause geboren, kann die Kraftsuppe mit Beginn der Wehen angesetzt werden und über viele Stunden kochen. Ansonsten können die werdenden Eltern auch diejenigen, die die Wochenbettsuppe kochen sollen, zu Beginn der Geburt informieren, sodass sie danach als Stärkung gebracht werden kann. Besonders aus der Chinesischen Medizin ist die Wochenbett-

Für vier Portionen Hühnersuppe

1 Bio-Huhn (oder drei Hühnerkeulen)

1 mittlere Zwiebel

1 Stück Ingwer (ca. 1 cm)

3 Knoblauchzehen

100 g Vollkorn-Basmatireis (oder Hirse)

1 Lorbeerblatt

1 Sternanis

½ TL Fenchelsamen

½ TL Kümmel

½ TL Zitronenverbene

3 Karotten

3 Selleriestangen

Zubereitung

- Das Huhn zerteilen und ausschließlich die Karkassen mit 2 Liter kaltem Wasser in einem Topf zum Kochen bringen. Etwa 1 Stunde leicht köcheln lassen.
- Die Zwiebel schälen und in kleine Würfel schneiden. Ingwer und Knoblauch schälen und klein schneiden.

kraftsuppe bekannt, aber auch bei uns ist die Hühnerbrühe nach der Geburt eine alte Tradition. Eine spezielle Zutatenmischung für die Chinesische Wochenbettsuppe kann mit Rezept online bestellt werden (Adresse siehe Anhang), ansonsten empfiehlt sich auch eine Hühnerbrühe mit saisonalem Gemüse oder eine rein vegetarische oder vegane Gemüsebrühe, durch die der Mutter unter anderem Elektrolyte zugeführt werden. Diese Suppe kann auf dem Herd bleiben, und die Mutter kann nach Bedarf davon erhalten. Im Krankenhaus kann die Suppe in einer Thermosflasche aufbewahrt werden.

- Reis nach Packungsanleitung kochen.
- Dem Sud die Keulen, Zwiebel, Ingwer, Knoblauch, Gewürze und Kräuter zugeben und weitere 30 Minuten köcheln lassen.
- Die Keulen dann herausnehmen und die Suppe durch ein feines Sieb abseihen. Das Fleisch von den Keulen lösen und in kleine Stücke schneiden.
- Karotten schälen, Stangensellerie waschen und beides in ca. 5 Millimeter dicke Scheiben schneiden. Erst die Karotten in die Suppe geben und ca. 5 Minuten bissfest kochen, dann den Sellerie ca. 1 Minute mitkochen.
- Gekochten Reis und Hühnerfleisch beigeben und alles mit Salz abschmecken.

Rezept aus: Loretta Stern, Anja C. Gaca: Das Wochenbett. Alles über diesen wunderschönen Ausnahmezustand. Für Mütter und Väter. München: Kösel 2016.

ten, dass durch das hormonelle Hochgefühl keine Überstrapazierung der eigenen Kräfte erfolgt. Zumindest in der ersten Woche sollte die Wöchnerin wirklich wie eine Königin umsorgt werden, die im Bett liegt und der ihre Wünsche erfüllt werden.

Als Freunde und Familie können wir unterstützen, dass nicht nur die Mutter, die im Wochenbett mit dem Baby liegt, eine intensive Zeit mit dem neuen Kind verbringt, sondern bestenfalls beide Eltern Zeit haben zum Beobachten, Ruhen und Kuscheln. Für manche jungen Familien ist es schön, wenn nun in der ersten Woche jemand zu Hause bei ihnen wohnt, um sie zu umsorgen. Andere brauchen etwas mehr Abstand und Zeit für sich, um zueinander zu finden. Beide Herangehensweisen sind in Ordnung und haben ihre Berechtigung. Die neue Familie entscheidet nun, was ihr guttut und was sie braucht – und »das Dorf« umsorgt sie nach ihren Bedürfnissen.

Gibt es keine Familie und keine Freunde in der Nähe, die sich um das Wohlergehen und die Entlastung der Familie kümmern können, kann eine Mütterpflegerin eine große Hilfe sein, die im Haushalt unterstützt, kocht, Einkäufe erledigt und auch mal mit den größeren Geschwistern spielt. Die Hebamme versorgt die Wöchnerin in den acht Wochen weiterhin, gibt Tipps, beachtet die körperliche Rückbildung und gibt Hinweise dazu. Darüber hinaus ist es jedoch auch wichtig, dass nahestehende Personen da sind und zur Hand gehen, aber vor allem auch zuhören: Die Zeit nach der Geburt ist besonders aufwühlend.

Tränen
nach der Geburt

Mütter benötigen vor allem auch emotionale Zuwendung: Das Geburtserlebnis möchte verarbeitet werden. Nach positiv eingeschätzten Geburtsverläufen, aber vor allem dann, wenn etwas anders lief als geplant, ist es wichtig, darüber reden zu können. Mütter (und Väter!) benötigen den Raum, um über ihre Gefühle und Belastungen zu sprechen. Auch wenn am Anfang sich vielleicht nicht die starke Verbundenheit zum Baby herstellt, die man erwartet hatte, oder wenn es andere Probleme gibt, vielleicht auch in der Partnerschaft.

Um den dritten Tag nach der Geburt beginnt bei etwa 80 Prozent der Wöchnerinnen der Babyblues, der früher auch als »Heultage« bezeichnet wurde: Die Hormone machen Mütter in dieser Zeit besonders offen und empfindsam, um die Bindung zum Baby herstellen zu können. Gleichzeitig sind sie aber auch sehr empfindsam für alle anderen Umgebungsfaktoren, und Freude und Tränen treten besonders stark hervor. Einfühlsame Zuwendung ist nun von großer Bedeutung und auch die Möglichkeit, über alle Gefühle sprechen zu können. Wenn sich Frauen unter der Geburt als hilflos erlebt haben oder Übergriffe im Krankenhaus stattfanden (zum Beispiel, wenn sich Ärztin oder Hebamme auf den Bauch legten, um mit dem sogenannten Kristeller-Handgriff das Baby in den Wehen über äußeren Druck mit zu schieben, was manchmal zu Hämatomen und einem Gefühl des Ausgeliefertseins führt), die nachhaltig negativ empfunden werden, sollten diese Gefühle aufgearbeitet werden: Familie und Freunde sollten zuhören. Hilfreich kann es auch sein, die Mutter dazu zu ermutigen, einen Bericht über das Erlebte an das Krankenhaus zu schreiben. Jedes Jahr findet am 25. November der »Roses Revolution Day« statt: An diesem Tag legen Frauen in den Kliniken, in denen ihnen unter der Geburt Gewalt widerfahren ist, eine Rose ab, um zu ermahnen.

Wenn die Tränen der Mutter nicht abebben, sie zunehmend bedrückt wirkt oder sie Freude verliert und sich einschränkt, muss das Umfeld genauer hinsehen, denn oft nehmen die Betroffenen selbst die Probleme zunächst nicht als behandlungsbedürftig wahr. Etwa 15 Prozent der Frauen entwickeln nach der Geburt eine Depression, die ernst genommen und behandelt werden sollte. Auch beim Partner kann dies entstehen.

Wenn das Baby früher kommt

Kommt das Baby früher als erwartet auf die Welt, ist das eine besondere Ausnahmesituation für alle Beteiligten. Für viele Eltern stehen Sorgen um das Leben, die Entwicklung und das Wohlergehen des Kindes im Vordergrund. Gleichzeitig sind sie aber auch Eltern geworden; sie lieben ihr Baby und sind froh, dass es die plötzliche Geburt lebend überstanden hat. Frühcheneltern sind auf besondere

Wenn die Trauer um sich greift

Im gesamten ersten Jahr kann eine postpartale Depression auftreten. Fühlt sich die Mutter hoffnungslos, niedergeschlagen, antriebslos, traurig und hat deutlich weniger Lust an Dingen, die sie sonst gern gemacht hat, sollte dies beachtet werden.

Es kann sinnvoll sein, Hebamme oder Ärztin zu konsultieren, um eine psychische Erkrankung auszuschließen. Häufig ist dies mit großer Scham besetzt, weshalb Mitgefühl und Unterstützung besonders wichtig sind.

Wird eine Depression diagnostiziert, brauchen betroffene Familien besonders viel Unterstützung für den Alltag, denn eine Depression ist wesentlich mehr und schwieriger als »sich nur unglücklich fühlen«.

Eine gute Unterstützung bietet der Verein »Schatten und Licht«, die Adresse finden Sie im Anhang.

Weise auf Unterstützung angewiesen, denn obwohl sie gerade jetzt auf Ruhe und Erholung angewiesen sind, haben sie oft einen turbulenten Alltag mit Pendeln zwischen zu Hause und Klinik oder Hetzen zu Arztterminen und Therapien. Dazu kommen Ängste um das Wohlergehen oder gar

Überleben des Kindes oder die zukünftige Entwicklung, wenn durch die plötzliche frühe Geburt eine Behinderung aufgetreten ist. Diese Sorgen treten natürlich nicht nur bei den Eltern auf, sondern auch im Umfeld, und auch Großeltern und andere Familienangehörige bangen um das Kind.

Unterstützung, wenn das Baby zu früh gekommen ist

Frühcheneltern haben viele Aufgaben zu erledigen, oft auch bürokratische. Hier kann Hilfe bei der Bewältigung von Papierbergen angeboten werden, wie den Antrag auf Sonderurlaub, bei Geburtsurkunde/Standesamt/Vaterschaftsanerkennung, bei der Verlängerung des Mutterschutzes, dem Elterngeld, der Krankenkassenanmeldung, dem Antrag auf Übernahme der Fahrtkosten zum Krankenhaus, dem Antrag auf Haushaltshilfe und Pflegegeld.

- Das Stillen kann schwierig sein. Hier ist es wichtig, die Mutter in ihren Entscheidungen zu respektieren und

zu unterstützen. Stillt sie, kann die Vermittlung einer Stillberaterin IBCLC hilfreich sein (IBCLC, International Board
Certified Lactation Consultant = examinierte Still- und
Laktationsberaterinnen). Pumpt sie ab, was gerade auch
nach einer Frühgeburt anstrengend ist, braucht sie viele
ermunternde und kraftspendende Worte.

- Gerade frühgeborene Babys profitieren besonders von
  Körperkontakt und Getragenwerden. Eine Trageberaterin,
  die auch nach Hause oder ins Krankenhaus kommt, kann
  passende Trageweisen und Tücher zeigen. Oft kann die
  Familie auch ein Tragetuch für den Start ausleihen.

- Ist das Baby schon etwas stabilisiert und zu Hause, ist es
  schwer, die Anspannung des Beginns loszulassen. Die
  Hebamme kann ein angeleitetes »Heilbad« und sonstige
  Unterstützung anbieten. Gut ist es, wenn nun auch das
  Frühwochenbett nachgeholt werden kann und die Familie
  einfach ein paar Tage wirklich ausruhen und ankommen
  kann und dabei mit Essen, Putzhilfen und Einkäufen wie in
  einem »normalen« Frühwochenbett umsorgt wird.

- Auch Vereine für Frühcheneltern können den Familien und
  Freunden Hinweise geben, wie die Familie gut unterstützt
  werden kann.

Das Baby
hat eine Behinderung

Kommt das Baby erwartet oder unerwartet mit einer Behinderung auf die Welt, ist dies für die Familie eine besondere Situation. Auch für solche Familien beginnt jetzt der Alltag – wenn auch oft anders als erwartet. Gerade wenn die Behinderung unerwartet aufgetreten ist und sich Eltern nicht schon Wochen vorher darauf durch Recherchen und Kontakt mit Familien mit ähnlichen Erfahrungen vorbereiten konnten, brauchen sie nun emotionale und praktische Unterstützung. Emotional müssen sie erfahren, dass Familie und Freunde hinter ihnen stehen, sie begleiten und helfen. Natürlich können nahestehende Menschen nun zunächst auch erst einmal überwältigt sein und sich darum sorgen, wie der Alltag nun gestaltet werden kann. Aber diese Gedanken gehören immer in die unterstützenden Hände einer nachfolgenden Stelle. Heutzutage gibt es viele Vereine, Beratungsstellen, Kindergärten, Schulen und andere Anlaufstellen, die es allen Kindern ermöglichen, gut in der Gemeinschaft leben zu können, und die daran arbeiten, die Gesellschaft so zu gestalten, dass für alle eine gleichwertige Teilhabe möglich ist. Einen Teil dessen machen nun auch Familie und Freunde aus, die in den nächsten Jahren ein gutes, barrierefreies Umfeld schaffen sollten. Dazu gehört ganz am Anfang vor allem: die Gratulation zu diesem neu geborenen Kind.

Unterstützung
aus der Ferne

Manchmal ist es nicht möglich, im Wochenbett in unmittelbarer Nähe zu sein oder Urlaub zu nehmen, um die neue Familie zu besuchen. Glücklicherweise gibt es aber heute viele Möglichkeiten, um auch aus der Entfernung nah zu sein und unterstützen zu können: Carepakete können mit der Post geschickt werden, über das Internet ein Essen geliefert oder eine Putzhilfe bestellt werden. Und vor allem: Ein liebes Wort und ein Ohr, das zuhört, ist durch Telefon und Internet auch über die Distanz möglich.

Geschenk-Tipp:
Die Wochenbettkiste

- Eine schöne Glasflasche für stillende Mütter, um das Wasser immer griffbereit zu haben, beispielsweise um beim Stillen selbst zu trinken.
- Stillkekse und gesunde kleine Snacks für den Hunger zwischendurch.
- Ein schönes Buch, das während des Stillens oder im Wochenbett gelesen werden kann wie »Das Wochenbettbuch« von Hebamme Anja Gaca, »Geborgen wach-

sen«, das passende Buch für Eltern zu diesem Ratgeber, oder den hübschen Bildband »One day young« von Jenny Lewis.

- Ein Öl- und Massageball für angespannte Schultern und zur Massage des Körpers zur Unterstützung der Rückbildung.
- Warme Socken für die stillende Mutter.
- Ein weites, gemütliches Nachthemd, unter dem das Baby im Tragetuch nackt oder mit Windel getragen werden kann, und mit einem weiten Ausschnitt, damit im Nachthemd gestillt werden kann.
- Ein schönes Schild für die Haus- oder Wohnungstür mit dem Hinweis, dass hier ein Neugeborenes wohnt und bitte Rücksicht genommen werden soll.
- Gutscheine für Lieferdienste (sowohl von Restaurants als auch von Supermärkten) oder für einen Besuch beim Frisör oder für Pediküre und Maniküre zu Hause.
- Wenn ältere Kinder in der Familie sind: eine Zusammenstellung an schönen, ruhigen Beschäftigungsmöglichkeiten, während das Baby stillt oder anderweitig Exklusivzeit benötigt.

Die Familie kann das Stillen
maßgeblich unterstützen

Jede Frau entscheidet, ob sie ihr Baby stillen möchte oder
nicht. Muttermilch ist die normale und gesunde Ernährungsform für das Baby. Die Weltgesundheitsorganisation
empfiehlt, Babys im ersten halben Jahr voll zu stillen und
danach unter Einführung von Beikost bis zum ersten Geburtstag und darüber hinaus, solange Mutter und Kind
dies wünschen. Dennoch kann es Gründe geben, die gegen
das Stillen sprechen. Häufig sind es aber nicht objektive
Gründe, wegen denen sich eine Mutter gegen das Stillen
entscheidet, sondern es mangelt an Aufklärung, Unterstützung und Hilfe. Studien zeigen, dass Frauen länger stillen,
wenn sie Unterstützung in ihrem Umfeld erfahren. Zudem
ist das Stillen etwas, das wir in unserer Umgebung selten
sehen. Daher sind wir wenig darauf vorbereitet und brauchen anfangs Hilfe, um darin angeleitet zu werden.

Stillende Mütter grenzen andere Menschen nicht aus der
Beziehung zum Kind aus, es ist für alle anderen möglich,
eine gute Beziehung auch ohne das Stillen aufzubauen. Hat
sich das Stillen eingespielt, kann Milch auch abgepumpt
mit einem Fläschchen oder Becher von anderen Personen
angeboten werden. Die Menschen im Umfeld und auch der
Partner können auf vielfältige Weise eine Bindung herstellen: durch Tragen, Massieren, Spielen, Kuscheln, Wickelspiele und Co.

Entscheidet sich die Mutter gegen das Stillen, müssen wir

dies ebenso akzeptieren wie einen anderen Weg und diese Entscheidung nicht fortwährend kritisieren. Wird die Flasche gegeben, ist das am Anfang, besonders nachts, manchmal schwierig. Auch hier brauchen die Eltern Verständnis dafür, dass sich der Alltag erst einpendeln muss.

Unterstützen beim Stillen

- Vielleicht erinnern Sie sich, wie Sie selbst das Stillen erlebt haben? Was war Herausforderung, was war schön, wo war Hilfe notwendig? Unsere eigenen Erfahrungen bestimmen auch hier, wie wir auf die stillende Mutter zugehen, welche Sorgen oder Befürchtungen vielleicht mitschwingen. Aber jede Stillbeziehung ist einzigartig und jede Mutter kann mit jedem Kind einen neuen Weg gehen.
- Besonders wichtig ist ein stillfreundliches Klima: Jede stillende Mutter sollte überall stillen können ohne negative Worte oder Blicke.
- Wie auch bei den Geburtsberichten gilt auch hier: keine negativen Berichte, die ängstigen oder Zweifel an der Stillfähigkeit aufkommen lassen.
- Gerade abpumpende Mütter brauchen Anerkennung und emotionale Unterstützung.

- Auch in der Öffentlichkeit ist das Stillen vollkommen normal. Stillende Mütter sollten darin bestätigt, unterstützt und vor Anfeindungen geschützt werden.

- Stillen hat gerade am Anfang viel mit Entspannung zu tun. Freunde und Familie können eine entspannte Umgebung schaffen, indem Lasten abgenommen werden und Mutter und Kind Zeit haben, um ganz in Ruhe das Anlegen zu üben.

- Stillfreundliche Umgebung bei Besuchen: Mutter und Kind sollten es sich beim Stillen gemütlich machen können.

- Anders als häufig propagiert, brauchen stillende Frauen meist keine speziellen Stilltees zur Förderung der Muttermilch, und auch die Ernährung wirkt sich nicht auf den Fett- oder Eiweißgehalt der Muttermilch aus. Stillende Mütter haben aber oft während des Stillens Durst aufgrund des Hormons Oxytozin, und es ist schön, ihnen ein Glas Wasser anzubieten.

- Am Anfang ist das Stillen manchmal noch schwierig, und es kommt zu Verspannungen, wenn sich das Anlegen einspielen muss. Eine Rückenmassage kann hier wunderbar entspannend sein.

- Bei größeren Problemen kann es sinnvoll sein, eine Stillberaterin hinzuzuziehen (Adressen siehe Anhang). Dies auch bei Krisen und Problemen, die sich später ergeben können.

- Jede Frau stillt so lange, wie Mutter und Kind dies wünschen. Das Alter eines Kindes ist kein Abstillgrund. Im Gegenteil: Auch nach dem ersten Geburtstag ist Muttermilch noch gesundheitsförderlich.

Leben
mit Kindern
heute

So festigt sich
das Band zum »Dorf«

Ist das Baby geboren, verlagert sich ein Teil der Unterstützung und Hilfen: Nicht mehr nur die Handgriffe rund um die Familie und den Haushalt stehen im Vordergrund, sondern nach und nach wird auch das Baby einbezogen, und das Band der Familienangehörigen und Freunde wird gewebt. Die Eltern bestimmen nach ihren Bedürfnissen, wann der Zeitpunkt ist, an dem dieses Band begonnen wird: Einige brauchen länger, um das Baby aus den Händen zu geben, bei anderen geht es schneller. Wie wir schon gesehen haben, ist der Zeitpunkt jedoch nicht ausschlaggebend dafür, wie gut die Beziehung aufgebaut werden kann. Menschliche Babys sind keine Gänseküken, die nur ein enges Zeitfenster haben, um sich auf ein Lebewesen zu prägen. Wir haben die Möglichkeit, jederzeit damit zu beginnen, eine gute und tragende Beziehung aufzubauen. Wichtig ist dafür, dass wir die Bedürfnisse des Babys oder Kindes wahrnehmen und angemessen darauf reagieren. Zusammen mit den Eltern bilden Freunde und Verwandte ein Team, das bestmöglich aufeinander abgestimmt werden sollte.

Das Baby hat Vorrang

Ist das Wochenbett vorbei, beginnt der Familienalltag – manchmal auch schon früher. Schön ist es, wenn der Partner die Wochenbettzeit als Elternzeit genommen hat oder gar darüber hinaus zu Hause bleibt, um das Ankommen im Familienalltag mit zu gestalten. Leider ist das jedoch nur selten das gewählte Modell. Gerade dann, wenn der Partner wieder in den Arbeitsalltag zurückkehrt, brauchen Mutter und Kind oft Unterstützung, um den neuen Alltag zu organisieren. Schließlich ist nun eine neue, große Aufgabe zu den bislang schon bestehenden Aufgaben hinzugekommen. Und das Baby tritt vor allen anderen Tätigkeiten oft in den Vordergrund. Die Bedürfnisse des Babys haben Vorrang, denn sie werden schnell lautstark mitgeteilt, wenn sie nicht gestillt werden.

Auch hormonell ist die Mutter darauf eingestellt, die Babybedürfnisse sofort zu erfüllen: Der französische Geburtshelfer und Gynäkologe Michel Odent spricht davon, dass das Milchbildungshormon Prolaktin neben dem Nestbautrieb und der Nervosität auch zu »Geisteszuständen von Untergebenheit und Unterwerfung«[27] führt. Wenn jetzt eines im Vordergrund steht, dann ist es die Befriedigung der Grundbedürfnisse des Babys – und alles andere kann (und sollte) warten. Das sieht man oft auch in den Wohnungen frisch gebackener Eltern: Wäscheberge türmen sich, Abwasch steht im Waschbecken und Staubflusen liegen auf dem Boden. All das ist ganz normal. Wie wir schon gesehen haben, ist es wichtig, eine sichere Bindung zum Baby herzustellen. Dies gelingt nur durch Erfüllung seiner Grundbedürfnisse – und diese stehen manches Mal im Gegensatz zu den Erfordernissen des Haushalts. Besonders dann, wenn keine weitere Unterstützung im Haus ist, die entweder das Baby versorgen oder den Haushalt übernehmen kann.

Verständnis mitbringen!

Der Haushalt und viele andere Dinge des Alltags stehen nun hinter den Babybedürfnissen an – aus gutem Grund. Familie und Freunde sollten Verständnis aufbringen für:

- Unordnung,
- fehlende Zeit, in der auf Familie und Freunde der Schwerpunkt gelegt wird,
- Unsicherheit und Hilflosigkeit in Hinblick auf die Alltagsstruktur,
- Bedürfnis nach Hilfe und Unterstützung,
- Gespräche, die sich rund um das Baby drehen, mit dem nun alles neu ist. Es dauert etwas, bis wieder andere Themen wichtig werden. Es ist gut, Eltern daran ohne Erwartungen und Druck zu erinnern.

Die Bedürfnisse
des Babys

Um eine sichere Bindung herzustellen, ist eines besonders wichtig: feinfühliges Reagieren auf die Bedürfnisse des Babys. Je kleiner das Baby ist, desto prompter muss die Reaktion auf die Bedürfnisse erfolgen. Babys werden noch relativ unreif geboren und reifen in den ersten drei Monaten nach der Geburt in gewisser Weise nach – aus folgendem Grund: Der Mensch erwarb im Laufe der Menschheitsgeschichte den aufrechten Gang. Damit einher ging eine Veränderung von Skelett und Muskulatur. Gleichzeitig wurde das menschliche Gehirn größer, weshalb die anatomischen Strukturen von Mutter und Baby nicht mehr übereinstimmten. Für die Geburt muss sich das Baby daher durch den Geburtskanal winden, damit der vergleichsweise große Kopf mit dem großen Gehirn einen guten Durchgang findet. Die beweglichen Schädelplatten des Babys erleichtern diesen Weg. Auch Muskeln und Gelenke der Mutter, insbesondere die Schambeinfuge, lockern sich, um den Durchtritt des Babys zu erleichtern.

Trotz dieser Anpassungen wird die Geburt bereits zu einem Zeitpunkt ausgelöst, in dem das Baby im Vergleich zu anderen Säugetierarten bei der Geburt einen relativ geringen Entwicklungsgrad hat und auf die Versorgung durch Erwachsene angewiesen ist. Der Schweizer Anthropologe Adolf Portman prägte daher für die zum Termin geborenen Kinder, die ja normal ausgetragen wurden, den Begriff »physiologische Frühgeburten«. Es wird davon ausgegangen, dass Babys etwa drei Monate Entwicklungszeit benötigen, um so auszureifen, dass sie wirklich offen für die Umgebung sind – das entspricht in etwa der Zeit, die das Wochenbett eigentlich dauern sollte. In dieser Zeit

Das braucht das Baby

- Körperliche Nähe, nach Möglichkeit rund um die Uhr.
- Getragen und gewiegt werden, positiver Körperkontakt.
- Eine Hülle (räumliche Begrenzung wie in der Gebärmutter).
- Wärme.
- Bequeme Kleidung, die nicht einengt, nicht drückt.
- Nicht zu viele (optische) Reize, kein lautes oder blinkendes Spielzeug.
- Natürliche Entwicklungsmöglichkeiten aus dem eigenen Antrieb des Babys und nach seinem persönlichen Zeitplan: Bekommt das Baby die Gelegenheit und den geschützten Raum für seine eigene Entfaltung, wird es alle wichtigen Meilensteine der Entwicklung wie Sprache, Motorik, Sozialverhalten selbstständig erreichen.

brauchen Babys eine Umgebung und einen Tagesablauf, die sich an den Bedingungen im Mutterleib orientieren: Sie benötigen nahezu rund um die Uhr Körperkontakt, eine Hülle gebende, wärmende Umgebung wie beispielsweise in einer Babytrage oder im Tragetuch, prompte Nahrung nach Bedarf, unabhängig von festgelegten Stillzeiten, rhythmische Geräusche, die ihnen aus dem Mutterleib vertraut sind und die sie kennen und beispielsweise beim Liegen auf der Brust der Bindungspersonen oder beim Tragen im Tragetuch wiedererkennen, und nicht zu starke neue Reize wie grelles Licht in Einkaufszentren.[28] Im kulturübergreifenden Blick bestätigt sich, dass alle Babys weltweit diese natürlichen Bedürfnisse haben und dass in anderen Gesellschaften ganz selbstverständlich darauf eingegangen wird.[29]

Wie wir schon zu Beginn dieses Buches erfahren haben, müssen diese Babybedürfnisse gestillt werden, damit das Kind ein Urvertrauen ausbildet und sein Grundbedürfnis nach Schutz und Sicherheit gewährleistet sieht – jedoch nicht durch die Mutter, nicht durch die Eltern allein. Auch Tanten, Onkel, Großeltern und Freunde können dabei unterstützen. Dafür ist natürlich nicht nur eine Bereitschaft bei den umgebenden Personen notwendig, sondern oft auch ein Umdenken bei den Eltern, die von der Gesellschaft vermittelt bekommen, sie müssten zu allen anderen Aufgaben des Lebens hinzu allein die riesige Aufgabe stemmen, das Baby glücklich aufwachsen zu lassen.

Eltern
Hilfe anbieten

Viele Eltern denken, sie müssten alles allein stemmen, und es fällt ihnen oft schwer, Hilfen anzunehmen oder selbst danach zu fragen. Um einer Überforderung vorzubeugen, können wir kleine Hilfen im Alltag anbieten:

- Immer etwas Hilfreiches, Unterstützendes zu Besuchen mitbringen: Wer eine junge Familie besucht, bringt selbst Kuchen mit, statt welchen zu erwarten. Statt Kuchen können auch einfach mal Zutaten für ein Abendessen mitgebracht werden.

- Zur Hand gehen: Es ist bequem, Gast zu sein und sich umsorgen zu lassen. Diese Zeiten werden auch wiederkommen. Aber nun geht es darum, den Eltern zu helfen: Vielleicht einfach mal den Geschirrspüler aus- und wieder einräumen, wenn sowieso das Geschirr abgeräumt wird?

- »Komm, ich nehme mal das Baby, und du machst in Ruhe …« Es ist gut, das einfach anzubieten, und es wird oft besser angenommen als die ferne Frage: »Soll ich mal das Baby nehmen?«

- Konkrete Bedürfnisse ansprechen: Oft nehmen wir auch ohne Worte wahr, wenn andere Hilfe benötigen. In Freundschaften und in der Familie sollten wir solche Situationen unbedingt ansprechen und einfach nachfragen.

Verwöhnen

»Verwöhnen« ist ein merkwürdiges Wort: Während wir es für uns als Erwachsene gern nutzen, um zu beschreiben, dass wir es uns gut gehen lassen, wird es in Hinblick auf Kinder eher negativ betrachtet: Schnell wird behauptet, das Baby oder Kleinkind würde verwöhnt im Sinne von verzogen werden, wenn wir auf die Bedürfnisse eines Babys (schnell) eingehen. Es besteht die Angst, das Kind würde nie selbstständig werden, wenn seine Bedürfnisse von anderen erfüllt werden und beispielsweise auf das Schreien eines Babys sofort reagiert wird.

Aus Ergebnissen der Forschung wissen wir heute jedoch, dass gerade das prompte Reagieren auf die Signale eines Kindes dazu führt, dass es ein gesundes Selbstbild und die Fähigkeit entwickelt, sich selbst zu beruhigen: Dadurch, dass es von uns am Anfang des Lebens Strategien erlernt, wie es mit Problemsituationen und Bedürfnissen umgehen soll, entwickelt es die Fähigkeit, sich später selbst zu beruhigen und eigene Problemlösungsentwürfe zu finden. Auch der Blick auf die Menschheitsgeschichte entspricht dieser Herangehensweise: Sowohl bei Jäger- und Sammlergesellschaften wie auch bei unseren näheren Verwandten im Tierreich zeigt sich, dass auf entsprechende Signale von Kindern sofort reagiert wird und Schreiphasen von Kindern möglichst kurz gehalten werden. Die Säuglinge in Steinzeitkulturen schrien zudem wesentlich weniger aufgrund der zugewandten und körpernahen Betreuungspraktiken.[30] »Schreienlassen« von Babys, um ihnen bestimmte Verhaltensweisen abzugewöhnen oder um das selbstständige Einschlafen anzugewöhnen, ist deswegen nicht angeraten, wie wir heute wissen.

Auch wenn es in der Vergangenheit manches Mal »erfolgreich« durchgeführt wurde in Hinblick darauf, dass Kinder durch das Schreienlassen irgendwann ohne Zuwendung der Eltern allein in einem Bett eingeschlafen sind oder das Schreien in anderen Problemsituationen eingestellt haben, in denen ihnen die Zuwendung verweigert wurde: Der Grund dafür, dass das Kind das Weinen einstellt, ist ein anderer als dann, wenn ein Kind beruhigt wird. Das Baby, das sich in einer Situation wiederfindet, in der es sich nicht selbst helfen kann und in der ihm nicht von außen geholfen wird, stellt irgendwann die Signale ein, um eigene Ressourcen und Kräfte zu sparen – es resigniert. Die Folgen dieser Resignation können jedoch ein mangelndes Vertrauen, eine unsichere Bindung und (zum Teil unbewusste) Ängste bis ins Erwachsenenalter sein.

Wann immer Babys ein Bedürfnis anmelden und weinen, benötigen sie die Zuwendung einer Person, die die Signale wahrnimmt und sich darum bemüht, ihm zu helfen. Das Schreienlassen stärkt weder die Lungen, noch die Entwicklung oder die Selbstregulationsfähigkeit des Kindes. Es kann aber die Beziehung zu den nahestehenden Personen, die bewusst nicht auf die Bedürfnisse des Kindes eingehen, langfristig negativ beeinflussen.

Verwöhn das Baby!

Ist es nicht herrlich, ein Kind einfach verwöhnen zu können? Großeltern, Freunde, Familie haben die Chance, eine tiefe und innige Beziehung aufzubauen, die einfach durch Liebe und Zuwendung geprägt wird. Gerade dann, wenn die Zeit bei berufstätigen Familienangehörigen knapp ist, zählt der Gedanke »Qualität statt Quantität«. Machen Sie die Zeit mit dem Kind zu zauberhaften, zugewandten und liebevollen Momenten. Das Kind erfährt so: Auch wenn wir uns nicht viel sehen, habe ich hier einen geschützten Hafen und werde immer liebevoll aufgenommen.

Dieses »Aufnehmen« ist durchaus auch wörtlich gemeint: Nehmen Sie das Baby ganz bewusst an den Körper, liebkosen Sie es, tragen Sie es auf dem Arm. Üben Sie sich darin, die Mimik und Körpersprache dieses Babys kennenzulernen, und Sie werden sehen, dass viele Signale darauf hindeuten, dass es Körpernähe wünscht. Im Laufe der Zeit wird sich das Verhalten des Babys auch ändern und es gibt Phasen, in denen es mehr Scheu davor hat, auf Armen zu sein, die nicht zu den Eltern gehören. Probieren Sie es aber immer wieder aus, bieten Sie Zuwendung an und seien sie nicht enttäuscht, wenn es mal nicht klappt.

Aber was ist mit
Strenge und Grenzen?

»Babys brauchen weder Strenge noch Grenzen.« Diese Aussage erscheint vielen Eltern und Großeltern zunächst fremd, wenn sie selbst mit der Erziehung von Kindern nach festen Zeitfenstern (Stillen alle vier Stunden, Töpfchentraining nach Zeitmuster, fest geregelte Beikostempfehlungen und Mahlzeiten) und mit dem Leitspruch »Kinder brauchen Grenzen« aufgewachsen sind. Wie wir schon gesehen haben, ist im Babyalter die Befriedigung von Bedürfnissen sehr wichtig, und ein Verwöhnen im Sinne von Verziehen gibt es nicht. Wir können sie dadurch, ihnen bestimmte Dinge zu versagen, um ihr Verhalten zu beeinflussen, nicht zu ihrem oder unserem Vorteil erziehen. Babys brauchen Zuwendung, Liebe und Verständnis statt Strenge. Alles in ihrem Verhalten ist darauf ausgelegt, liebevoll-schützend umsorgt zu werden, und auch in uns ist die liebevoll-zugewandte Zuwendung verankert.

Werden die Babys größer, geraten oft Strenge und Grenzen stärker in den Blick. Dies gerade dann, wenn wir uns daran orientieren, dass Kinder doch einen guten Platz in der Gesellschaft einnehmen sollen: Sie sollen nicht überall anecken! Oder sollen sie doch? Denn das Anecken zeigt natürliche Grenzen auf, die das Kind die Welt verstehen lassen: Heute gilt nicht mehr der Gedanke »Kinder dürfen dieses und jenes auf keinen Fall!«, sondern »Kinder stoßen im Zusammenleben mit anderen Menschen, mit der

Gesellschaft und mit der Umgebung auf Grenzen, an denen sie sich selbst orientieren und einen Weg finden, den wir Eltern begleiten«. Ein Beispiel dafür: »Messer, Gabel, Schere, Licht sind für Kinderhände nicht!« hieß es früher – eine festgelegte objektive Grenze von Eltern gegenüber ihren Kindern. Heute wissen wir, dass es gut für die Entwicklung des Gehirns und der Fähigkeiten ist, wenn Kinder sich möglichst früh an Dingen ausprobieren können und damit Erfahrungen machen. Kindern wird daher nicht per se der Umgang verboten, sondern sie werden im Ausprobieren begleitet. So erfahren sie selbst, was sie bereits können und wo ihre Fähigkeiten aktuell noch enden.

Der Psychologe Lew Wygotski bezeichnet den Bereich, in dem Kinder an die Grenzen ihrer Fähigkeiten kommen, als »Zone der nächsten Entwicklung«: In diesem Bereich, in dem Kinder noch nicht selbstständig alles bewerkstelligen können, lernen sie besonders stark und erproben sich, begleitet durch eine erwachsene Person. So wie in diesem Beispiel verhält es sich in vielen verschiedenen Situationen. Kinder sollen sich selbst erproben und an ihre Grenzen stoßen. Manchmal lernen sie dabei, sie zu überwinden, und erschließen sich einen neuen Handlungsspielraum. In ihren Handlungen stoßen sie an Umgebungsgrenzen, aber auch an menschliche Grenzen. Sie erfahren beispielsweise von anderen Menschen: »Ich möchte das nicht!« oder ein »Das ist meine körperliche Grenze, die du nicht überschreiten darfst«, wenn ein Kind beispielsweise schlägt oder beißt. Aber diese Haltung, bei sich zu bleiben und zu sagen »Dies ist meine Grenze, die darfst du nicht überschreiten«, ist eine andere Methode, als generell von vornherein zu sagen: »Das alles darfst du nicht!« Das Kind selbst auf Grenzen stoßen zu lassen, eröffnet Erfahrungsmöglichkeiten und Selbstwirksamkeit. Das Kind lernt wirklich, mit der Umgebung umzugehen, und nicht nur, Gebote einzuhalten, ohne den Sinn zu verstehen.

Gehorsam war früher eine Eigenschaft, die von Kindern erwartet wurde. Heute allerdings wird nicht angestrebt, dass sich Kinder den Erwachsenen unterordnen, sondern die liebevolle Beziehung steht im Vordergrund: Kinder müssen nicht bedingungslos folgen, sondern es werden Lösungen gesucht, die für alle stimmig sind. Das erleichtert den Alltag enorm, denn es muss nicht gegen den Willen des Babys oder Kleinkindes angekämpft werden. Natürlich gibt es im Alltag immer wieder auch Situationen, in denen Erwachsene ganz eindeutige und klare Regeln festlegen, oder Gefahrensituationen, in denen es keinen Verhandlungsspielraum gibt. Aber abseits davon können wir uns auf Augenhöhe mit den Kindern begeben und sie respektvoll in ihren Wünschen anerkennen.

Erziehungsmaßnahmen

Strafen erzeugen bei Kindern Angst. Und Kinder können durch Angst nicht lernen. Kinder können aus einer verängstigenden Situationen nicht nachhaltig Problemlösungsstrategien für zukünftige Ereignisse ableiten. Erziehungsmaßnahmen wie Schläge, Beschimpfungen oder Auszeiten allein in einem anderen Zimmer, ängstigen Kinder und verhindern, dass das Kind wirklich daraus lernt. Aus Angst mag es manchmal das unerwünschte Verhalten einstellen, kann diese Erfahrung aber nicht auf andere Situationen übertragen oder zeigt das Verhalten dann vielleicht heimlich. Strafen sind daher keine Methoden, die nachhaltig sinnvoll ein anderes Verhalten ermöglichen. Zudem gilt heute: Kinder haben ein Recht auf gewaltfreie Erziehung – jede Form der Gewalt ist damit ausgeschlossen.

Auch Rituale geben Halt

Grenzen können auch aus dem Alltag durch Rituale entstehen. Vielen Kindern tun Rhythmen und Rituale gut: Durch gleichbleibende Abläufe können schon kleine Kinder erlernen, Situationen vorher zu sehen und können sich darauf einstellen, was als Nächstes passiert, beispielsweise wenn am Abend nach dem Ausziehen die Massage auf dem Wickeltisch stattfindet.

Rituale sind oft auch für Eltern hilfreich, denn sie geben dem Tag Struktur. Von Punkt zu Punkt können sie sich so durch den neuen Tag bewegen und gewinnen immer mehr Routine und Sicherheit. Eine solche Struktur gibt dem Tag natürliche Grenzen und einen Ablauf.

Grenzen
und Kinder

Es ist in Ordnung, die persönlichen Grenzen aufzuzeigen. Dafür können wir beachten:

• Ich bleibe bei meinen Empfindungen und spreche darüber. Ich sage nicht »Du darfst das nicht!«, sondern »Ich möchte das bei mir nicht!«.

• Babys und Kleinkinder tun Dinge nicht aus bösem Willen, weil ihnen dafür noch die Einsicht fehlt, dass sie wirklich einem anderen Menschen schaden können und wollen. Daher sollten Handlungen von Kindern nicht bewertet werden: »Das ist böse von dir!« trifft nicht zu. Hilfreicher ist es, die Handlung des Kindes noch einmal zu versprachlichen und zu sagen, warum man persönlich das nicht wünscht.

• Unser Alltag ist oft für Kinder nicht gemacht und manchmal stoßen sie unabsichtlich an Grenzen, wenn sie noch zu klein sind: Das Glas ist zu groß und wird umgeworfen, weil die kleinen Hände es nicht halten können. Es ist gut, die Umgebung immer wieder darauf zu überprüfen, wie kinderfreundlich sie ist und ob sich Kinder darin wirklich gut bewegen können.

- Immer wieder wichtig ist der Austausch mit den Eltern: Geht es nicht um die Grenzen der Eltern, sondern um die anderer Personen, müssen Eltern diese auch akzeptieren und anerkennen, dass das Kind in einer anderen Umgebung an andere Grenzen stößt. Das Kind lernt so, dass verschiedene Menschen auch verschiedene Grenzen haben. Sind sie beispielsweise mit dem Enkelkind zu Besuch bei den Großeltern, können Sie dem Kind begleitend erklären, was dort wichtig ist. Ein »Das möchte Oma nicht« ist oft einfacher, als wenn die Großeltern den Konflikt allein moderieren müssen.

Gras wächst nicht schneller, wenn wir daran ziehen

Wir wissen heute viel darüber, wie wir durch unser Verhalten das Aufwachsen der Kinder positiv beeinflussen können und dass das natürliche und freie Lernen einen wichtigen Anteil der Kindheit ausmacht. Dennoch müssen wir uns immer wieder daran erinnern, dass es in der Kindheit nicht darum geht, schnell von einer Entwicklungsstufe zur nächsten zu springen. In dem Wunsch, das Beste für die Kinder zu wollen, verfallen manche Familien in eine

Art »Förderwahn«. Doch das Gras wächst nicht schneller, wenn wir daran ziehen. Das gilt schon von Anfang an. Babys entwickeln sich nach einem inneren Plan, in dem einzelne Entwicklungsbereiche sinnvoll aufeinander aufbauen. Das sehen wir beim Erlernen der Sprache, aber ganz besonders auch in der Motorik, wenn durch eine Entwicklung Muskulatur und Bewegung so geübt werden, dass dann wieder ein neuer Meilenstein erklommen werden kann: vom Rücken auf die Seite drehen, dann auf den Bauch, von da aus in den Unterarmstütz … bis das Kind irgendwann Treppen steigt, hüpft und balanciert.

Auch hier gilt: Kinder suchen sich eigene Herausforderungen und entwickeln sich danach. Manche sind in einzelnen Bereichen schneller, andere langsamer. Aber alle gehen ihren Weg. Gelassenheit ist dabei wichtig, denn zu schnelles Eingreifen kann den natürlichen Ablaufplan behindern: Werden Kinder vor der Zeit hingesetzt, in der sie das Sitzen von allein erlernen, kann das die Muskulatur überfordern und zu Fehlbelastungen führen. Zudem kann das Kind in eine Situation gebracht werden, in der es selbst nicht mit den plötzlichen Neuheiten umgehen kann. Wird es hingesetzt, kann es sich beispielsweise oft nicht selbst aus der Sitzposition herauslösen und wird ungehalten und quengelig, weil es sich beispielsweise nicht auf ein Spielzeug zubewegen kann. Eine vermeintliche Hilfe wird so zu einem Problem. Dies trifft auch auf das Laufenlernen zu, wenn Erwachsene versucht sind, kleine Kinder für die ersten Schritte an den Händen zu führen, wodurch die Laufanfänger aber die Balance nicht selbst entwickeln und oft auch eine ungünstige Fußhaltung einnehmen. Als Unterstützer*innen der Eltern ist es wichtig abzuwarten, zu ruhen und die Eltern nicht unter Druck zu setzen, bzw. den Druck von ihren Schultern zu nehmen.

Das große Thema Schlaf

Kaum ein Thema ist für Eltern so schwierig und bewegend wie der Schlaf der Kinder, und selten fällt es so schwer, darüber zu sprechen. Denn auch hier sind die Erwartungen und Bedürfnisse hoch: Eltern brauchen Schlaf, Eltern brauchen Ruhe. Und Babys entwickeln sich nach ihrem eigenen Plan und schlafen nicht so wie wir Erwachsenen. Es ist normal, dass Kinderschlaf und Elternschlaf sehr unterschiedlich sind und sich das Schlafverhalten des Babys über die nächsten Jahre hinweg anpasst. Wie wir schon gesehen haben, ist eines der ganz wichtigen Bedürfnisse des Babys die schützende, wärmende Nähe der Bindungspersonen. Daher schlafen sie auch dort am liebsten, wo die Bindungsperson ist, hier fühlen sie sich besonders sicher und umsorgt. Auch für die Mutter hat es einen großen Vorteil, in der unmittelbaren Nähe des Babys zu schlafen, da sich hierdurch die Schlafrhythmen einander anpassen: Studien belegen, dass uns Babys nicht aus der Tiefschlafphase herausreißen, wenn sie nachts neben uns aufwachen, son-

Eltern
in Gelassenheit unterstützen

- »Du machst das gut«: Viele Informationen verunsichern Eltern, und manchmal ist der Druck besonders groß, das Beste für das Kind zu tun. »Das Dorf« ist nicht nur für die Unterstützung in konkreten Situationen da, sondern auch für den emotionalen Halt: Oft brauchen es Eltern einfach, dass ihnen jemand sagt, dass das, was sie machen, gut und gut genug ist.

- Über Ängste sprechen: Ängste können uns hemmen und den intuitiven Umgang mit unseren Kindern behindern. Oft tut es Eltern gut, jemanden zu haben, mit dem sie offen darüber reden können.

- Den Blick auf das Kind zurückführen: Manchmal können Eltern auch in einer Art Tunnelblick gefangen sein: Mein Baby dreht sich noch nicht, aber alle anderen! Mein Baby isst noch nicht, aber die anderen tun es schon! Manchmal verstellt der defizitorientierte Blick das Große und Ganze. Als Freunde und Familie können wir den Blick wieder darauf lenken: »Schau, wie toll dein Kind ist. Eine Sache läuft gerade nicht so gut, aber sieh all das andere!«

- Großeltern, Familie und Freunde können jungen Eltern aus ihrer Erfahrung ein großes Stück Gelassenheit auf den Weg mitgeben – ein unschätzbares Geschenk!

dern dass beim Co-Sleeping oft ein besserer Schlaf zusammen gefunden werden kann. Viele Eltern schlafen deswegen heute mit ihrem Baby zusammen in einem Bett. Auch das nächtliche Stillen ist dadurch einfacher. Babys und Kleinkinder benötigen für ihr rasches Gehirnwachstum auch nachts die Kalorien der Muttermilch. Schläft das Baby direkt an »der Quelle«, kann nachts ohne großen Aufwand gestillt werden, und Mutter und Kind finden leicht wieder in den Schlaf. Doch auch wenn auf diese Weise eine entspanntere Situation geschaffen werden kann, als wenn Eltern nachts aufstehen müssen, ist der neue Schlafrhythmus zunächst ungewohnt, und Eltern kommen schnell in ein Schlafdefizit – besonders dann, wenn sie tagsüber nicht ausreichend Ruhe nachholen.

Wenn das Baby
viel weint

Besonders schwierig wird es, wenn Babys sehr viel weinen. Jedes Kind kommt mit seinem individuellen Temperament auf die Welt: Manche sind ruhiger und entspannter, andere sind von Anfang an aufbrausender und fordernder. Etwa zehn Prozent der Kinder haben laut Statistik besonders starke Bedürfnisse. Der Spruch »Entspannte Eltern – entspannte Kinder« trifft hier nicht zu, denn die Ursachen für die Unruhe des Kindes können ganz unterschiedlich sein und müssen gar nichts mit dem Entspannungszustand der

Ruhe
für müde Eltern

- Eltern Schlaf zu schenken, ist wohl eines der besten kostenfreien Geschenke, die sie bekommen können.

- Schenken Sie den Eltern Ruhe: mit dem Baby spazieren gehen, mit dem Baby zu Hause in einem anderen Zimmer spielen.

- Selbst wenn Eltern nicht schlafen: Ausruhen hilft bereits! Schlafmangel wirkt sich negativ auf die Gesundheit und auch auf das Erziehungsverhalten aus.

- Besonders wichtig: Erkennen Sie das Problem der Eltern an. Eltern haben nicht Schuld an ihrem Schlafdefizit, weil sie das Baby nicht allein in einem anderen Zimmer schlafen lassen. Das Problem des Schlafdefizits resultiert nicht aus dem zugewandten Verhalten der Eltern gegenüber dem Kind, sondern aus der fehlenden Unterstützung von Eltern in unserer Gesellschaft.

Unterstützung
bei viel weinenden Babys

- Besonders Eltern mit einem viel weinenden Baby brauchen Pausen: Nehmen Sie das Baby in eine Trage und drehen Sie damit eine Runde um den Block.
- Zuhören, zuhören, zuhören! Es ist so wichtig, dass Eltern von ihrem Leid berichten können.
- Keine Schuldzuweisungen: Viele Eltern schämen sich für das weinende Kind und denken, sie würden etwas falsch machen. Doch meistens sind die Ursachen ganz woanders zu finden oder auch nie ersichtlich. Eltern brauchen Verständnis, keine Schuldzuweisungen.
- Zusätzliche Arbeiten abnehmen: Ein viel weinendes Baby ist ein Fulltimejob, neben dem nicht viel anderes möglich ist. Deswegen tut es gut, wenn möglichst viele Hausarbeiten abgenommen werden können – wie im Wochenbett, nur eben die gesamten ersten drei Monate lang.
- Der sichere Hafen sein: Eltern mit einem schreienden Baby können an den Rand der Belastung kommen und laufen Gefahr, das Baby zu schütteln. Freunde und Familie können in dem Fall der Anlaufpunkt sein. Machen Sie den Eltern deutlich: »Wenn es zu viel wird, leg dein weinendes Baby sicher ab und ruf mich an – egal wann!«
- Ermutigen Sie betroffene Eltern, fachliche Hilfe zu suchen.

Eltern zu tun haben. Doch woher auch immer die Ursache kommt, die Eltern oft in sogenannten Schreibabyambulanzen abklären lassen, es gilt: Eltern von Babys, die viel weinen, stehen unter besonderer Anspannung. Das Weinen des Babys wirkt sich auf ihren Gesundheitszustand aus, auf die Beziehung zum Kind und Partner, auf die Atmung, die durch die Anspannung flacher wird, auf das Stresslevel und schließlich auf die sozialen Interaktionen, denn viele Eltern mit viel weinenden Babys ziehen sich zurück, obwohl sie gerade jetzt Unterstützung brauchen. Auch wenn Freunde und Familie das häufige Schreien des Babys nicht verringern können, können sie den Familien durch ihre Anwesenheit und Zugewandtheit helfen. Und vor allem durch das Gefühl, nicht allein zu sein und Unterstützung zu bekommen.

Eine Verbindung aufbauen durch Nähe

Es ist gut, Eltern darin zu unterstützen, liebevoll mit ihrem Kind umgehen zu können, aber besonders schön ist es auch, selbst eine feste Verbindung einzugehen und Teil des tragenden Netzes zu werden. Dies wird möglich, wenn wir wie die Eltern jene Bedürfnisse erfüllen, die für Babys so wichtig sind. Auch wenn das Baby nur durch die Mutter gestillt wird, gibt es viele andere Wege, um eine Verbindung aufzubauen:

- *Babymassage* ist eine gute Möglichkeit, um mit einem Baby in liebevollen Körperkontakt zu treten. Durch die Massage und den Körperkontakt werden Hormone des Wohlgefühls und der Bindung ausgeschüttet.
- *Wickeln* kann eine schöne Zeit des Zusammenseins sein, wenn man ausreichend Zeit dafür hat, vielleicht begleitet durch ein Wickelspiel oder einen Vers.
- *Getragen* werden kann das Baby nicht nur von den Eltern. Immer öfter sieht man Babys auch in Tragehilfen bei Großeltern. Das Tragen ist eine besonders schöne Möglichkeit, um in Kontakt zu kommen, denn es erfüllt viele Babybedürfnisse gleichzeitig: Körperkontakt, Wärme, Massage des Bauches durch das Tragen Bauch an Bauch, eine Körperhaltung, die entspannt (besonders bei Koliken), und eine Nähe, durch die Tragender und Baby gut in Kommunikation kommen können.

Tragen ist nicht nur für Eltern wunderbar, sondern auch für Oma, Opa und andere Bezugspersonen

Damals
war gar nicht alles schlecht!

Manchmal sehen junge Eltern auf neue Entwicklungen und übersehen, wie viel Gutes und hilfreiche Praxis aus der Eltern- oder Geschwistergeneration zur Verfügung steht. Es ist gut, immer wieder im Austausch zu sein und die eigenen Tricks und Tipps liebevoll anzubieten.

Überlegen Sie, und erinnern Sie sich daran: Wie war das früher? Welche Tricks haben Sie genutzt, um das Baby liebevoll zu beruhigen? Wie haben Sie gewickelt und das Baby gepflegt? Welche Hausmittel haben Sie genutzt? Junge Eltern können von den Erfahrungen und Hinweisen oft sehr profitieren. Sprechen Sie zusammen darüber, oder legen Sie ein kleines Heft an mit Ihren ganz persönlichen Tipps, das Sie mit lieben und wohlwollenden Worten überreichen. Auf diese Weise können auch Familientraditionen von Generation zu Generation weitergegeben werden.

Stoffwindeln statt Plastik, Fingerfood statt Gläschen

Viele Aspekte der Begleitung von Kindern, die es früher gab, werden heute neu entdeckt. Vielleicht haben Sie selbst noch Stoffwindeln genutzt oder wurden darin gewickelt, und vielleicht gab es in Ihrer Kindheit noch keine große Babygläschenauswahl im Supermarkt. Im Laufe der Zeit hat sich gezeigt, dass viele Neuerungen doch nicht so kindgerecht sind, wie sie gedacht waren. Wegwerfwindeln produzieren nicht nur große Müllberge, die schon jetzt, aber auch für die nun geborene Generation zu einem Problem werden – zusammen mit anderen Wegwerfbabyprodukten.

Stoffwindeln wurden in den letzten Jahren neu konzipiert: Heute sind sie mit hübschen Aufdrucken und leicht in der Handhabung durch Druckknöpfe in vielen Varianten nutzbar. Sie sind nicht nur besser für Babys Haut, da es hierdurch weniger zu Ausschlägen und Pilzinfektionen kommt, sondern sie geben dem Baby auch eine gute Rückmeldung, dass die Windel nass ist und gewechselt werden muss – was heutige Absorber in Wegwerfwindeln nicht tun und so das Trockenwerden hinauszögern.

In vielen Aspekten von Familienleben gibt es eine Rückbesinnung, obwohl es erst einmal nach einer »neuen Mode« aussieht. Seien Sie offen dafür!

Neue alte
Ernährungstipps

Auch die Babyernährung hat sich geändert, wir sehen eine Wende zum Ursprünglichen: Stillen ist die gesunde Ernährung für das Baby. Studien belegen, dass besonders auch das lange Stillen sinnvoll und hilfreich ist, da es nicht nur die Bindung unterstützt, sondern die Inhaltsstoffe der Muttermilch auch vor Krankheiten schützen und langfristig das Immunsystem unterstützen.

Beikost wird dann zusätzlich eingeführt, wenn das Baby dafür reif ist. Nicht nach festen Zeitfenstern, sondern in Hinblick auf die individuelle Entwicklung, denn wie bereits erwähnt ist es für jede neue Entwicklung wichtig, dass das Kind über grundlegende Kompetenzen dafür verfügt. Um Beikost zu sich nehmen zu können, muss der Verdauungstrakt bereit dafür sein, der Mund muss das Essen zerkleinern und schlucken können, das Baby sollte Essen selbst zum Mund führen können und überhaupt ein Interesse daran haben. Wie früher wird heute wieder dazu übergangen, das Baby nicht mit Brei zu füttern, sondern es sich selbst das nehmen zu lassen, was es möchte. Hierdurch hat es die Möglichkeit, selbstbestimmt essen zu lernen und Erfahrungen im Umgang mit unterschiedlichen Speisen zu sammeln. Keine Sorge: Durch den Vorbildcharakter fängt es ganz von selbst an, Besteck einzufordern und sich am Essverhalten der Großen zu orientieren, wenn es so weit ist. Bis dahin kann es jedoch ganz selbstbestimmt auf eigene Faust Erfahrungen sammeln.

Worin sich viele Familien heute dennoch am Esstisch unterscheiden, sind die Nahrungsmittel: von vegetarisch über vegan bis paleo oder raw. In einer Gesellschaft, in der so viele Möglichkeiten bestehen, gehen Familien unterschiedliche Wege. Gesundheit und Ernährung sind wichtige Bestandteile des Familienlebens, und auch hier gibt es nicht die eine Patentlösung, sondern viele verschiedene Möglich-

Familienkost

- Beikost wird heute sehr entspannt in die Babyzeit integriert, und es gibt keinen Druck am Esstisch. Kein Kind verhungert am liebevoll gedeckten Tisch – auch dann nicht, wenn es lange gestillt und ohne Brei groß wird.
- Alternative Ernährungskonzepte sind erst einmal eine Herausforderung, können aber auch zu einer Bereiche-

rung werden: Zusammen können passende Kochbücher gewälzt und Rezepte ausprobiert werden. Die Freude ist sicherlich groß, wenn Freunde oder Verwandte sich extra an ein Überraschungsrezept wagen, das zum nächsten Besuch mitgebracht wird.

Ein erster
Geburtstagskuchen

200 g Goldhirse	1 Päckchen Backpulver
300 ml Wasser	1 Päckchen Vanillezucker
300 g Datteln	2 kleine Äpfel
100 g Rosinen	70 g gemahlene Mandeln
100 g Mehl	

- Hirse mit Wasser in einem Topf zum Kochen bringen, klein geschnittene Trockenfrüchte zufügen, die Herdplatte auf kleinste Stufe stellen. Den Topf mit Deckel bedecken und die Hirse 10 Minuten ausquellen lassen.
- Mehl mit Backpulver und Vanillezucker vermischen. Äpfel grob reiben und mit den Mandeln und der Mehlmischung zur Hirse geben. Sorgfältig vermengen
- Den Teig in eine gefettete Springform geben und im vorgeheizten Backofen bei 180 °C eine Stunde lang backen.

Rezept aus: Loretta Stern, Anja C. Gaca: Das breifrei!-Kochbuch. München: Kösel 2014 keiten. Wenn sich Familien für eine Ernährungsrichtung entscheiden, die ganz anders ist als die der restlichen Familie oder des Freundeskreises, haben sie sicherlich vorher ausreichend recherchiert. In der Regel sind Menschen, die auf tierische Produkte ganz verzichten, sehr gut unterrichtet über ihren Nährstoffbedarf und die Möglichkeiten, Fehlendes durch Nahrungsergänzungsmittel zu ersetzen. Oft nutzen sie auch spezielle Ernährungsberaterinnen, um sich über das Leben und die Ernährung mit Kindern zu informieren. Ist die Ernährung anders als in der eigenen Familie, ist das zunächst deswegen kein Grund zur Sorge, sondern ein Impuls, um damit umzugehen.

Wurzeln und Flügel

Irgendwann werden Babys und Kinder losgelassen; sie werden in die Hände anderer gegeben – für ein paar Stunden, für einen Tag. Wann es so weit ist, dass das Kind in anderen Armen ganz sichere Geborgenheit empfangen kann, hängt auch vom jeweiligen Temperament des Kindes ab. Auch hier gilt: Es klappt nicht besser, wenn man am Kind zieht. Babys und Kinder müssen ein sicheres Vertrauen aufgebaut und eine gute Basis haben, von der aus sie die Welt erkunden und gewiss sein können, dorthin immer wieder zurückkehren zu können. Diese Basis sind

Kinder begleiten
abseits von den Eltern

- Für viele Eltern ist es ein großer Schritt, das kleine Baby anderen zu überlassen.

- Wichtig ist: Baby und Eltern müssen sich damit sicher und wohlfühlen.

- Sicherheit entsteht durch Vertrauen: Das Baby weiß, dass seine Bedürfnisse sicher erfüllt werden. Die Eltern wissen, dass das Baby gut umsorgt wird und sie bei Problemen hinzugezogen werden.

- Wenn es nicht klappt und der Eindruck entsteht, dass das Baby dringend die Eltern braucht, sind sie immer zu informieren. Ein Abbruch des »Abenteuerausflugs« ist kein Versagen. Im Gegenteil: Das Vertrauen in die Betreuungspersonen wird gestärkt, wenn sie ehrlich und offen mit der Begleitung des Kindes umgehen.

im besten Fall die Eltern, die nach jeder Expedition wieder angesteuert werden, aber daneben gibt es auch weitere Häfen, in denen geruht werden kann, bevor es auf Abenteuerfahrt geht. Wir sprechen von »Wurzeln und Flügeln«, die für Kinder gleichermaßen wichtig sind.

Manchmal brauchen auch die Eltern noch ein wenig mehr Zeit, um das geliebte Kind in andere Hände geben zu können. Sie brauchen das Gefühl, dass andere Menschen eine sichere Basis für das Kind bilden. Das klappt besonders gut, wenn sie darauf vertrauen können, dass das Kind dort ebenso gut und umfassend versorgt wird wie bei ihnen selbst.

Ein Wort
zum Schluss

Jede Familie geht ihren Weg, und jeder Weg sieht ein wenig anders aus: Wie sie leben, wie die Familienkonstellationen gestaltet sind, was gegessen wird, wie gewickelt wird, ob gestillt wird oder nicht, wo geboren wurde oder ob Ökokleidung getragen wird oder nicht. Jeder Weg ist individuell, jede Familie ist es. Wichtig ist, dass jeder Weg, so unterschiedlich er auch ist, mit Liebe und Einfühlungsvermögen gegangen wird – das ist, was Familie ausmacht. Als »Dorf« einer Familie müssen wir auch nicht viel mitbringen außer genau dem Willen, diese Liebe und Empathie einzubringen. Alles andere ergibt sich mit ein wenig Übung und Arbeit von beiden Seiten und ein paar Händen, die wahlweise anpacken oder auf die Schulter klopfen.

Nicht immer ist es konfliktfrei, Familie und Freundschaft zu leben. Immer treffen in Gruppen auch unterschiedliche Einstellungen, unterschiedliche Gedanken und Wege aufeinander. Auch das gehört zum Leben in einem »Dorf«: sich einzubringen, sich auszutauschen und einen gemeinsamen Weg zu finden, der für alle gut ist. Auch das ist ein Geschenk, das wir unseren Kindern durch unser Vorbild mitgeben können: Kompromissbereitschaft und Diskursfähigkeit. Es ist nicht schlimm und zeugt nicht von einer schlechten Familie oder Freundschaft, wenn wir nicht in allen Punkten immer übereinstimmen. Es ist nur ungünstig, wenn wir nicht den Willen aufbringen, gemeinsam Lösungen zu finden.

Das Leben in einer Gemeinschaft verläuft nicht immer nur gradlinig und rosarot, es ist oft ein kurviger, manchmal steiniger Weg. Doch wir können immer daran denken, dass es gerade dieser Weg ist, der auch für unsere Kinder wichtig ist, der sie lehrt und bereichert und uns gerade damit dem Ziel einer schönen Kindheit und einer guten Zukunft für alle näherbringt.

Adressen
zur Unterstützung

Arbeitsgemeinschaft Freier Stillgruppen

Verein ehrenamtlicher Stillberaterinnen mit Beratung von Mutter zu Mutter. *www.afs-stillen.de/*

Biokiste

Vielerorts gibt es Biokisten: Zusammenstellungen von Obst und Gemüse aus ökologischem Anbau, die bis nach Hause geliefert werden. Manchmal gibt es auch spezielle Mutter-Kind-Körbe. Suche im Internet nach »Biokiste« in der Region.

Doulas in Deutschland

Verein der Doulas in Deutschland, die sich einem Ethik-Code verpflichtet haben. *https://doulas-in-deutschland.de/*

Geborgen Wachsen

Blog der Autorin mit vielen Tipps, Artikeln und Hinweisen zur bindungsorientierten Elternschaft und geborgenem Familienleben. *https://geborgen-wachsen.de/*

Gesund und Mutter

Onlineshop mit vorgekochten Gerichten, speziell für Wochenbett und Familienalltag. *www.gesundundmutter.de/*

Kinderpflegenetzwerk

Anlaufstelle für Familien von Kindern und Jugendlichen, die aufgrund einer chronischen, schweren oder seltenen Erkrankung oder einer Behinderung besonders pflege- oder hilfebedürftig sind. *www.kinderpflegenetzwerk.de/*

La Leche Liga

Verein ehrenamtlicher Stillberaterinnen mit Beratung von Mutter zu Mutter. *www.lalecheliga.de/*

Maternita

Unternehmen, das einen Schwangerschafts-Concierge-Service für alle bürokratischen Themen anbietet. *www.maternita.de/*

Mütter-/Familienpflege

Mütter- und Familienpflegerinnen unterstützen den Alltag (werdender) Familien durch Einkäufe, Haushaltsarbeiten, Kinderbetreuung etc. Kostenpflichtige Angebote, ggf. Übernahme/Bezuschussung durch Krankenkassen möglich.
www.muetterpflege.de/muetterpflegerinnen/
www.gfg-bv.de/kurse-beratung-kontakt/gfg-
  muetterpflegerin.html

Roses Revolution

Internationale Bewegung gegen die Gewalt in der Geburtshilfe. *www.rosesrevolution.com/*

Schatten und Licht

Verein, der Frauen unterstützt, die rund um die Geburt ihres Kindes eine seelische Krise erleben. *www.schatten-und-licht.de/*

wellcome

Bundesweit agierendes Sozialunternehmen mit Angeboten für Familien, Kern-Angebot ist die »Praktische Hilfe nach der Geburt«. *www.wellcome-online.de/*

Zieten Apotheke

Hier gibt es die Zutaten für die Wochenbettkraftsuppe nach Traditioneller Chinesischer Medizin. *www.zietenapotheke.de/*

Anmerkungen

1. Lancy, David F. (2015): *The Anthropology of Childhood. Cherubs, Chattel, Changelings*. United Kingdom: Cambridge University Press, S. 123.

2. Brisch, Karl Heinz (2010): *SAFE – Sichere Ausbildung für Eltern.* Stuttgart: Klett-Cotta, S. 21.

3. Blaffer-Hrdy, Sarah (2010): *Mütter und andere. Wie die Evolution uns zu sozialen Wesen gemacht hat.* Berlin: Berlin Verlag, S. 108.

4. Blaffer-Hrdy, Sarah (2010): *Mütter und andere. Wie die Evolution uns zu sozialen Wesen gemacht hat.* Berlin: Berlin Verlag, S. 112.

5. Röhr-Sendlmeier, Una M.; Bergold, Sebastian; Jöris, Andreas et al. (2012): *Berufstätigkeit der Mutter, Erziehungsstil und sozial-emotionale Kompetenzen der Kinder.* www.researchgate.net/profile/Una_Roehr-Sendlmeier/ publication/265347240_Berufstatigkeit_der_Mutter_ Erziehungsstil_und_sozial-emotionale_Kompetenzen_der_ Kinder/links/573c2d3f08ae9f741b2e744a/Berufstaetigkeit-der-Mutter-Erziehungsstil-und-sozial-emotionale-Kompetenzen-der-Kinder.pdf (01.09.2018).

6. Blaffer-Hrdy, Sarah (2002): *Mutter Natur. Die weibliche Seite der Evolution.* Berlin: Berliner Taschenbuch Verlag, S. 364.

7. https://web.archive.org/web/20081212130135/ www.cpc.unc.edu/projects/lifecourse/iyfp (01.09.2018).

8. Frey, Carl Benedikt; Osborne, Michale A. (2013): *The Future of Employment: How Susceptible are Jobs to Computerisation?* www.oxfordmartin.ox.ac.uk/downloads/academic/The_Future_of_Employment.pdf (01.09.2018).

9. Choi, Precilla; Baker, S.; Tree, J. (2005): Supermom, superwife, supereverything: Performing feminity in the transition of motherhood. In: *Journal of Reproduktive and Infant Psychology,* 23. Jg., S. 168–180.

10. Drentea, Patricia; Morgen-Cross, Jennifer (2005): Social Capital and social support on the web: The case of an internet mother site. In: *Sociology of Health & Illness,* 27. Jg. S. 920–943.

11. Duggan, Maeve; Lenhart, Amanda; Lampe, Cliff; Ellison, Nicole (2015): *Parents and social media.* www.pewinternet.org/2015/07/16/parents-and-social-media/ (01.09.2018)

12. Lewicki, Marie-Luise; Greiner-Zwarg, Claudia (2015): *Eltern 2015 – wie geht es uns? Und unseren Kindern?* www.eltern.de/public/mediabrowserplus_root_folder/PDFs/studie2015.pdf (01.09.2018).

13. Ustorf, Anne-Ev (2012): *Allererste Liebe. Wie Babys Glück und Gesundheit lernen.* Stuttgart: Klett-Cotta, S. 29 f.

14. Blaffer-Hrdy, Sarah (2005): Evolutionary context of human development: The cooperative breeding model. In: Carter, C. S.; Ahnert, L.; Grossmann, K. E.; Hrdy, S. B.; Lamb, M. E. (Hrsg.): *Attachment and bonding. An new synthesis.* (Dahlem Workshop No. 92) Cambridge, Mass. (MIT Press).

15. Geisel, Elisabeth (1997): *Tränen nach der Geburt. Wie depressive Stimmungen bewältigt werden können.* Müchen: Kösel, S. 59 ff.

16. Bensel, Joachim (2008): Der Einfluss westlicher Betreuungspraktiken und Geburtsumstände auf den Verhaltenszustand

von Säuglingen. Ergebnisse der Freiburger Säuglingsstudie. In: Brisch, Karl Heinz; Hellbrügge, Theodor (Hrsg.) (2008): *Der Säugling. Bindung, Neurobiologie und Gene.* Stuttgart: Clett-Kotta, S. 93.

17. Gesellschaft für Qualität in der außerklinischen Geburtshilfe e. V. (2016): Zu Hause und im Geburtshaus. Informationen zum Geburtsort. www.quag.de/downloads/Quag-Zu_Hause_und_im_Geburtshaus.pdf (abgerufen am 26.2.2018).

18. Sandall, Jane; Soltani, Hora; Gates, Simon; Shennan, Andrew; Devane, Declan (2013): *Midwife-led continuity models versus other models of care for childbearing women.* King's College London. http://onlinelibrary.wiley.com/doi/10.1002/14651858.CD004667.pub3/abstract;jsessionid=51399DDFE51BA34C38E1CBD281B15EBD.f03t01 (01.09.2018).

19. Klaus Marshall H.; Kennel, John H.; Klaus, Phyllis H. (1995): *Doula. Der neue Weg der Geburtsbegleitung.* München: Mosaik, S. 9.

20. Ebd. S. 45 f.

21. www.pickerinstitut.de/picker-report-2017-veroeffentlicht.html (01.09.2018).

22. Gaskin, Ina May (2014): *Birth Matters – Die Kraft der Geburt. Ein Hebammenmanifest.* Halle: fidibus Verlag.

23. Odent, Michel (2010): *Die Natur des Orgasmus: Über elementare Erfahrungen.* München: C. H. Beck, S. 21.

24. Höfer, Silvia (2012): Der Nestbautrieb in der Schwangerschaft. In: Stiefel, Andrea (2012): *Hebammenkunde: Lehrbuch für Schwangerschaft, Geburt, Wochenbett und Beruf.* Stuttgart: Thieme Verlag, S. 191.

25. Hildebrandt, Sven (2013): Übertragungsmanagement: Respektvoller Umgang mit der biologischen Uhr. In: *Deutsche Hebammenzeitschrift* 4/2013, S. 31.

26. Siehe auch Stern, Loretta; Gaca, Anja C. (2016): *Das Wochenbett. Alles über diesen wunderschönen Ausnahmezustand. Für Mütter und Väter.* München: Kösel. S. 141 f.

27. Odent, Michel (2006): *Geburt und Stillen: Über die Natur elementarer Erfahrungen.* München: C. H. Beck, S. 122.

28. Gaca, Anja C.; Mierau, Susanne (2018): *Mein Schreibaby verstehen und begleiten.* München: GU, S. 16 f.

29. Bensel, Joachim (2008): Der Einfluss westlicher Betreuungspraktiken und Geburtsumstände auf den Verhaltenszustand von Säuglingen. Ergebnisse der Freiburger Säuglingsstudie. In: Brisch, Karl Heinz; Hellbrügge, Theodor (Hrsg.): *Der Säugling. Bindung, Neurobiologie und Gene. Grundlagen für Prävention. Beratung und Therapie.* Stuttgart: Clett-Kotta, S. 89.

30. Ebd.

Bildnachweis

Innenteil:
Bettina Kammerer: 122
Alle weiteren Illustrationen: Shutterstock.com (Boguslaw Mazur; aarrows; NadzeyaShanchuk; majivecka)